宇宙艦船電飾模型モデリングガイド

SPACE NAVY YARD

【スペース ネイビーヤード】

モデルグラフィックス編集部／編

大日本絵画

"Space Battleship YAMATO"
Length : 333.00m Width : 43.60m Height : 94.54m
BBY-01 YAMATO

"Super Dimension Fortress MACROSS"
Length : 1,200.00m Width : 600.00m
SDF-1 MACROSS

"CRUSHER JOE"
Length : 978.70m Width : 259.40m Height : 244.60m
Heavy Cruiser CÓRDOBA

1/2000 scale

0 100m

宇宙艦船電飾模型モデリングガイド

スペースネイビーヤード

SPACE NAVY YARD

目次 / CONTENTS

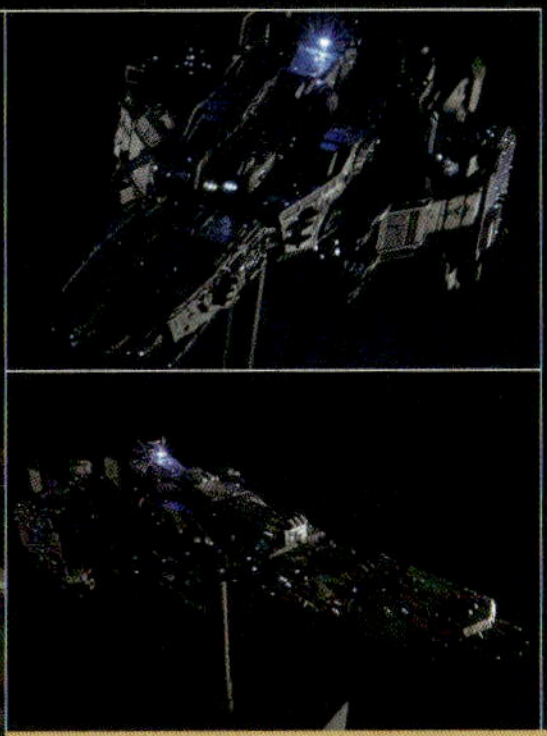

SUPER DIMENSION FORTRESS MACROSS Do You Remember Love

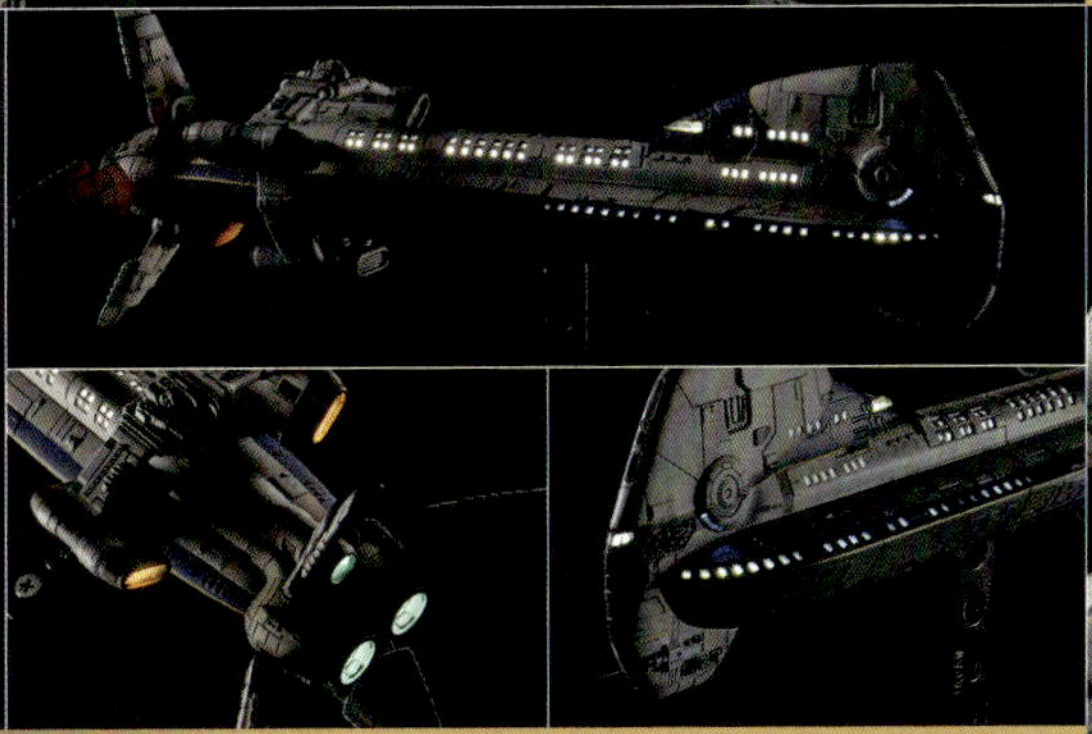

BATTLESTAR GALACTICA

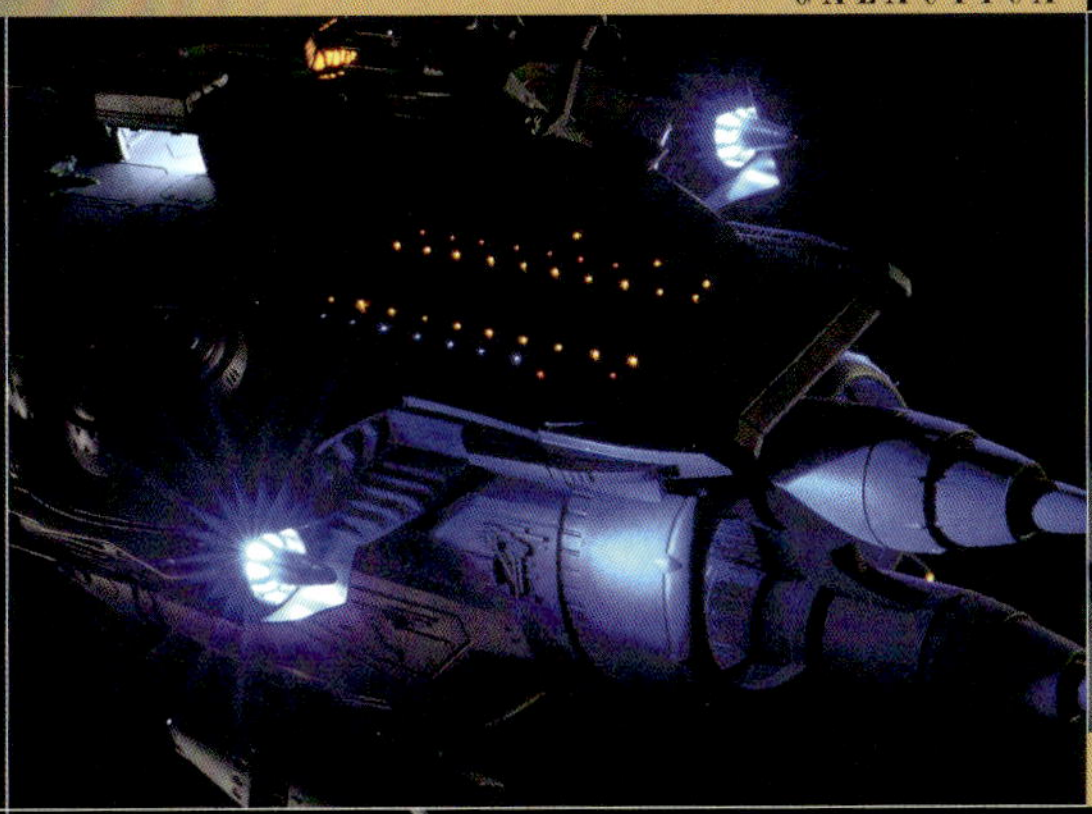

SPACE BATTLESHIP YAMATO 2199

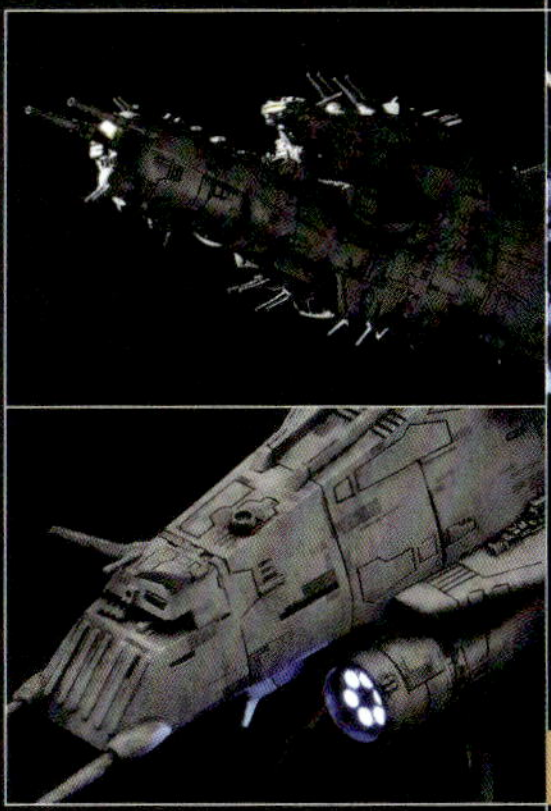

CRUSHER JOE

STAR TREK

In the beginning…

はじめに……天翔るスターシップに思いをよせて

宇宙艦船＝スターシップの歴史は古く、古くは映画『ジョルジュ・メリエス月世界旅行』からスターシップが登場していました。その後、宇宙を舞台にしたまざまなSF作品にはスターシップが登場するようになります。そのピークが1966年の『スター・トレック』や1974年の『宇宙戦艦ヤマト』だったことは疑いもないでしょう。まさにスターシップが作品の主役となったのです。(マキャフリーの傑作SF小説『歌う船』(1969) シリーズなどでは人間がスターシップになってしまいます) やがて時間が経つにつれ、スターシップは脇役であったり作品舞台などへとシフトし、大きさや規模も様々に変化。作品世界に対する有効な舞台装置として定着していきます。もはやあらゆるSF作品世界になくてはならないものと言っても過言ではないでしょう。

現在、さまざまなカタチで映画、アニメを問わずSF作品にはスターシップが登場します。後部エンジンから光を伸ばしながら宙を舞うスターシップは美しいですし、漆黒の闇を切り裂く艦体が多彩な彩りで光り輝く姿は神々しくすらあります。そんな姿をカタチにしたい。そう願うSFファンは多いのではないでしょうか？

本書では、スターシップに魅入られたSFモデラー達が集結。近年、低価格化により爆発的に普及したLEDを使った電飾工作を駆使し、市販されているスターシップの模型を光らせます。しかも、ただ模型を作って光らせたのではありません。“実際に1000mの宇宙戦艦がそこに浮かんでいたなら、どのように光り、どのように見えるだろう？”という考慮の末、途方もないこまかい作業の繰り返しと細微な仕上げのうえに、生み出した作品ばかりです。そういった作品がここに9艦集合しました。ぜひそれぞれのスターシップの魅力を存分に味わって下さい。本書は日本初の宇宙艦船電飾模型製作ガイドです。

モデルグラフィックス編集部

SUPER DIMENSION FORTRESS

MACROSS Do You Remember Love

超時空要塞マクロス
愛・おぼえていますか

『超時空要塞マクロス 愛・おぼえていますか』
劇場公開作品／115分
1984年7月公開
© 1984 ビックウエスト

1982年10月から翌年6月までテレビ放送された『超時空要塞マクロス』をベースに、あらたな解釈でテーマとストーリー、デザインの練り直された劇場用完全新作アニメ。テレビ版のチーフディレクターだった石黒昇とテレビ版で一部の脚本や絵コンテを担当していた河森正治が、共同で監督に当たった。ストーリー構成と脚色は河森が担当し、テレビ版の「巨人型異星人が文化に目覚め、アイドルのラブソングが宇宙戦争を終結させる」コンセプトが強く押し出された。

西暦2009年、巨人戦闘種族“ゼントラーディ”と接触した大型宇宙艦マクロスは民間人を乗せたまま地球への帰路についていた。だが、ゼントラーディ軍の襲撃でパイロットの一条輝とアイドル歌手のリン・ミンメイは艦内の一区画に閉じ込められてしまう。その事件を契機に輝とミンメイは懇意になるが、ミンメイがゼントラーディに生け捕りにされたことから、地球人の「文化」が戦局を左右するキーであることが明らかになっていく。太古の先史文明の遺したデータを解析して完成した曲が、映画の主題歌でもある『愛・おぼえていますか』だった……というアクロバティックかつ説得力あふれるクライマックスに、誰もが度肝を抜かれた。

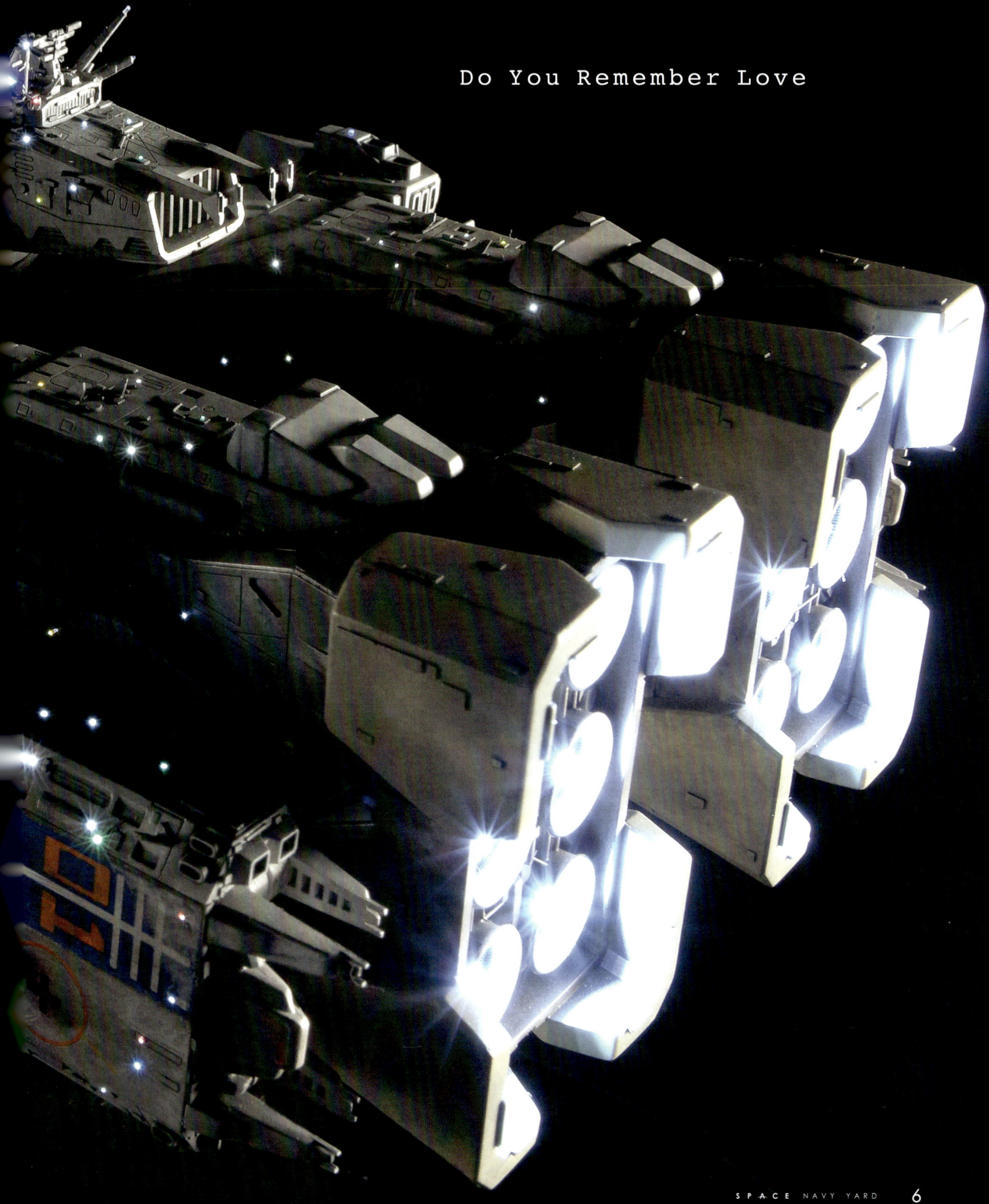

Do You Remember Love

SDF-1 MACROSS

The Super Dimension Fortress

MACROSS Cruiser Fortress SDF-1

マクロス要塞艦

1984年の劇場版公開から31年、ハセガワから『マクロス艦』が発売された。劇中では要塞艦から強攻型への変形が見せ場のひとつであったが、製品では変形機構は省略され、艦船模型として仕上げられている。本作例ではその“宇宙艦船”としての魅力を充分に引き出すために、30cm強というサイズに見合わない、過剰なまでの電飾工作を施して仕上げた。まずはその輝きっぷりを堪能していただきたい。

SDF-1 マクロス 要塞艦 “劇場版”
ハセガワ　1/4000
インジェクションプラスチックキット
発売中　税込6048円
㈾ハセガワ
http://www.hasegawa-model.co.jp/

製作・文／**高橋卓也**

異星文明から生まれた人類初の宇宙艦

文／廣田恵介

2009年に勃発した第一次星間大戦において、地球統合軍のフラッグシップとして数奇な運命をたどった艦である。その原型となったのは、女性型の巨人兵士のみで構成された軍事国家メルトランディの中型砲艦である。西暦1999年、南アタリア島に墜落した同艦を地球人用に改修した新鋭艦は、SDF-1“マクロス”と名づけられ、2009年に完成を迎える。その十年余りのあいだ、同艦より採取された異星人のオーバーテクノロジーは従来の兵器概念を刷新し、2001～2007年にわたる統合戦争中に可変戦闘機が開発された。マクロスの両舷に接続される支援宇宙空母アームド-01および02には、可変戦闘機バルキリーが艦載されている。

SDF-1マクロスは、全長1,200mという巨体にも関わらず、特異なブロック構造を有する。とくに、主砲発射の際には各ブロックを移動させて艦体を垂直に保たねばならない。この艦体変形シーケンスは“トランスフォーメーション”と名づけられ、第一次星間大戦終結後に建造されたバトル級可変ステルス攻撃宇宙空母に受け継がれていくこととなる。

第一次星間大戦は、メルトランディと対立関係にある巨人種族ゼントラーディとマクロスとの接触で幕をあけた。マクロスは時空転移システム“フォールド航法”の誤作動により、冥王星付近へ転移してしまう。このトラブルによってフォールドシステムを損失したマクロスは通常航行で地球への帰還を目指すものの、ゼントラーディ軍ばかりか彼らと敵対関係にあるメルトランディ軍にもマークされてしまう。だが、艦内居住区に暮らしていたアイドル歌手のリン・ミンメイが橋渡し役となり、ゼントラーディ軍第425基幹艦隊・アドクラス艦隊との同盟関係を築くことに成功。マクロスはアドクラス艦隊の先陣を切って、ボドル機動要塞内部に突入し中枢ユニットを破壊、これを撃沈する。第一次星間戦争を締結させた功績により、マクロスは伝説の艦として長く語り継がれていくこととなる。

戦後、同艦は現役を退き、新統合政府の首都マクロス・シティのシンボルとして静かな余生を送る。2013年、マクロスの同型艦としてメガロード-01が完成、超長距離移民船団の第一陣として地球を飛び立った。さらに2030年、居住設備を整えた大型移民艦として新マクロス級の建造が開始され、銀河播種計画に多数が投入された。

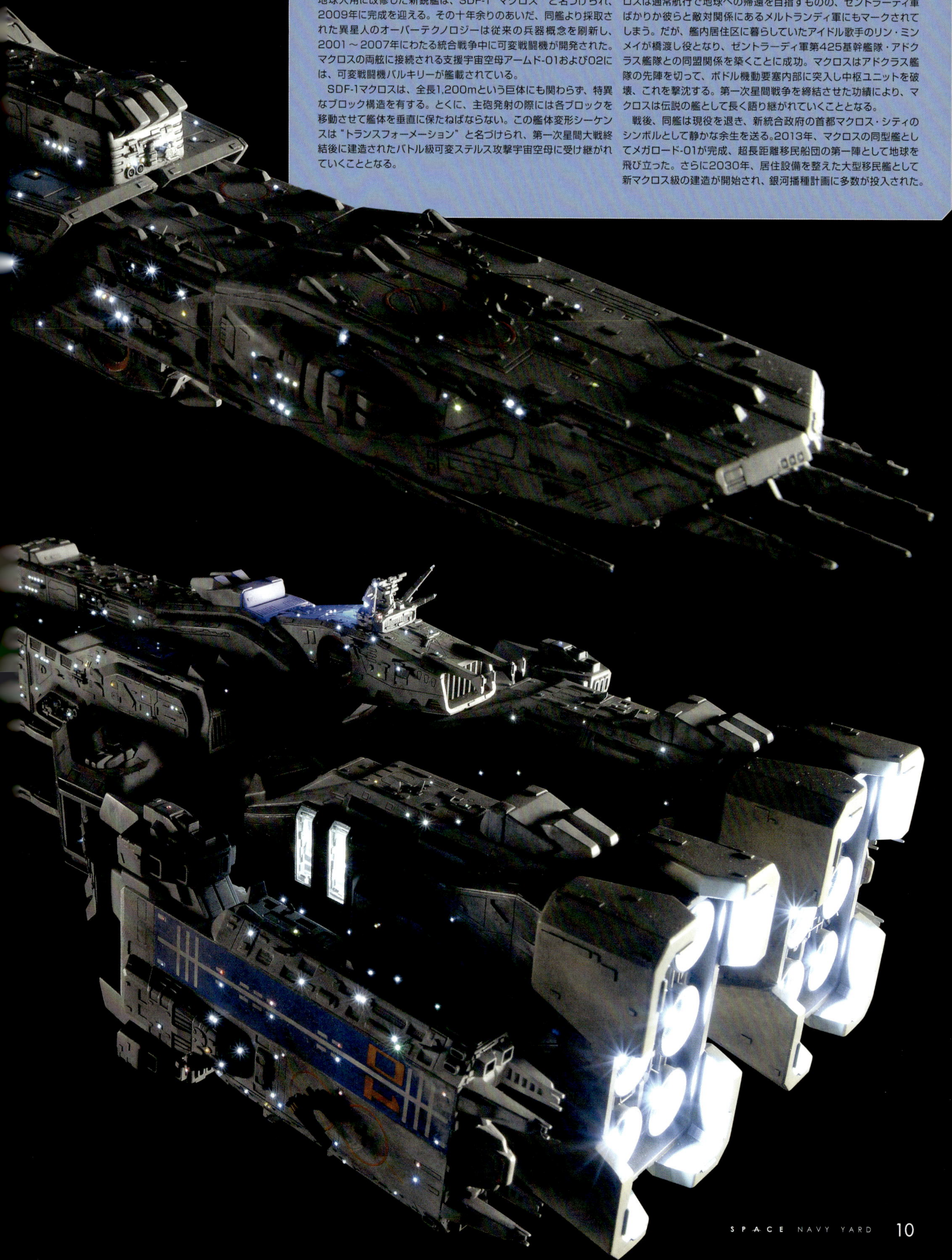

▼エンジンブロック左舷側内部には劇中に登場した艦内都市を再現。リン・ミンメイがコンサートを開催した野外ホールももちろん作られている

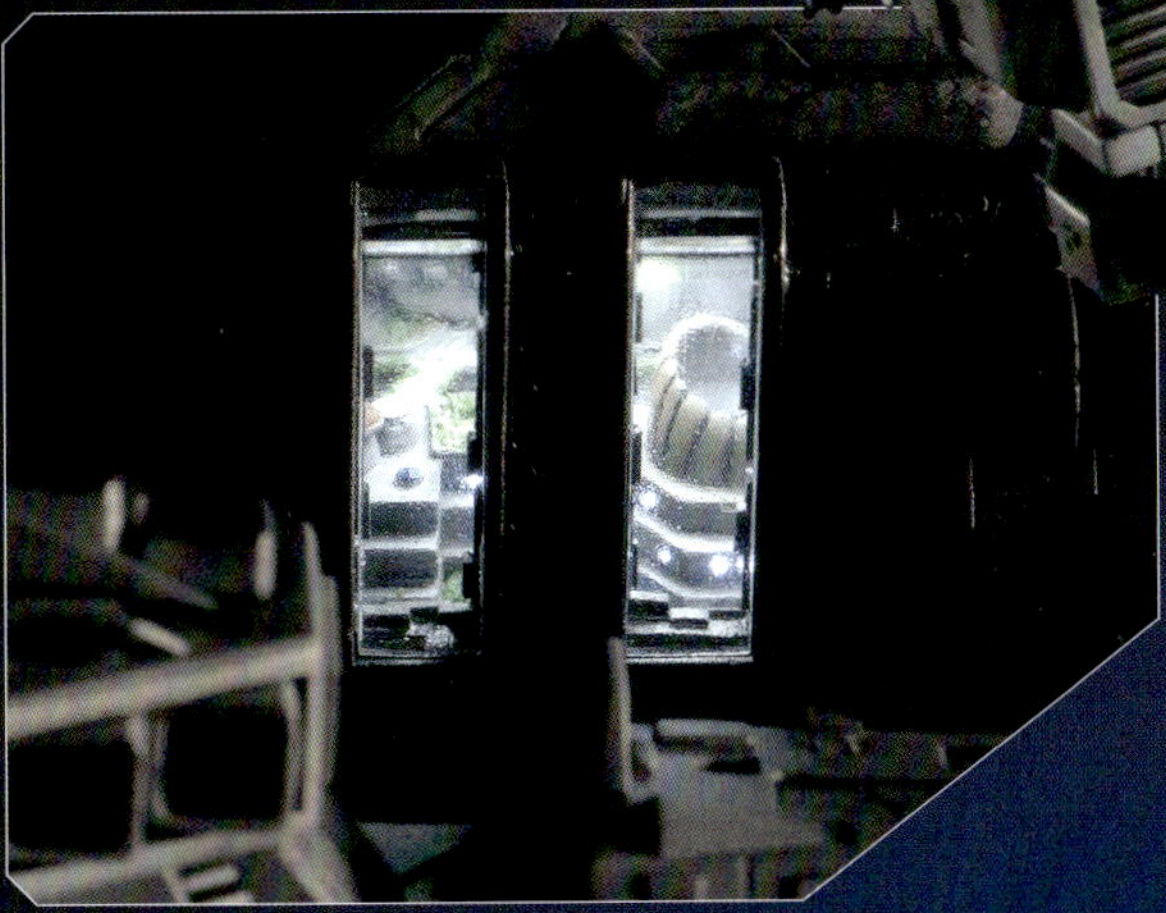

MACROSS Cruiser Fortress SDF-1
マクロス要塞艦

細密なディテール、光源、塗装によって、1200mの巨大宇宙戦艦を表現する。

1㎜=4m!? 1/4000スケールを考える

文／高橋卓也

◆劇場版とTVはこれほど違う！

ハセガワから発売されている超時空要塞マクロスのSDF-1“愛・おぼえていますか”のバージョンを製作いたしました。じつはこの作例を製作中に限定品ながら、いわゆるテレビ版風の『SDF-1 マクロス要塞艦 w／プロメテウス&ダイダロス』も発売されました。折角ならと切り替えも考えましたがこれが結構違う！ 腕部にあたるプロメテウスやダイダロス、そして艦橋形状の違いくらいの気持ちで眺めてみると、とんでもありませんでした（マクロス好きを公言していましたが返上）。艦首主砲にあるアンテナ形状、両肩にあたる部分のレールガンと各部の副砲も位置が違っています。デザイン的に腕部の収まりはテレビ版の方がスマートに感じます。とはいえ映画冒頭の、そこいらじゅう点滅しながら闇から現れるカットやARMD級宇宙空母から飛び立つバルキリー、脚部の都市がクローズアップされたときに見ることができる艦表面のゴチャメカ等々あの時代にここまで線の多いメカがアニメに登場したというのは驚くべきこと。やはり初志貫徹、当時のアニメーターさん達に敬意を払いつつ細かなディティールをたっぷりと盛り込むことで、完成すればわずか全長30㎝ほどの模型ですが1210mの巨大艦に見えるものを目標に製作いたします。

長い戦いになるぞ！

◆内部設計の考察

まずはそこいらじゅう光っている船体を再現すべく電飾の準備とゴチャメカを入れるスペース作りを検討しつつ仮組みをします。ここで通常の組み立て工程を検証するだけでなく、接着に必要な部位と隠れてしまう箇所も確認しておきます。そうして構造的に組み立てに問題ない箇所はザックリと（ダボや梁、ときには外装パーツなども含めて）くり抜いてしまい電飾のためのスペースを確保していきます。この作業ではあわせてLEDの配置位置やそこまでの配線、光ファイバー（三菱レイヨン 光ファイバー エスカという商品を使用していま

艦体の外装を一部切除“魅せる内部構造”を作り込む演出

❶キットには同スケールのデストロイド・モンスターとVF-1バルキリーが付属。ここではモンスターを艦首に配置。❷外壁のモールドをチゼルで彫り直すだけでなく、一部を切除し、裏から箱組で裏打ちしたあと、内部構造を流用パーツでディテールアップしている。さらにそのモールド部分に0.3㎜のピンバイスで穴を開け、光ファイバーを植えている。❸追加ディテールの粗密の調整は重要。塗装され、ウェザリングが入った際に、どれだけディテールが主張するかをつねに意識した工作がされている

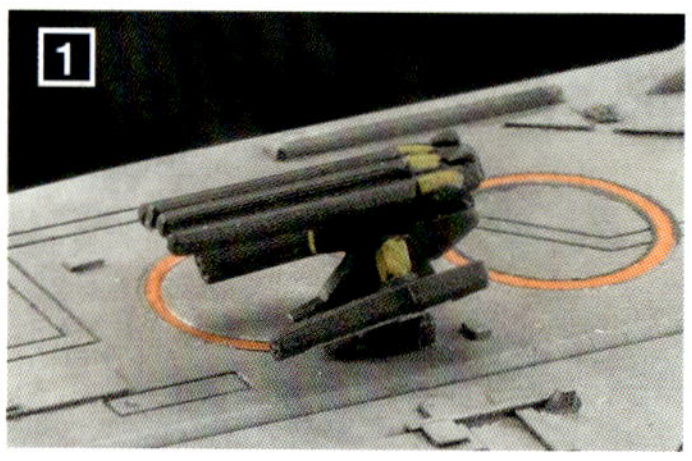
1

2

3

ています）を大量に植える際の作業のしやすさなども考慮します。ここでの内装設計がのちほどの作業の難易度を左右します。というのも塊になると大きいキットですが、パーツで見ると内部構造は複雑でスペースも狭いのです。ですので事前に内部配置をある程度設計しておかないと、光ファイバーを植えたらパーツがハマらなくなった、配線が通らないなどの事故が起きます。幸い船体部上面は上からパーツをはめ込む構造なので事前に下準備しておけば難しくはありません。（ちなみに支柱から外部電源をとることにしました。そうなると今度は支柱一本で台座に立つようにもバランスをとらないといけません。後部が重いデザインでしたので、先端にオモリをいれてバランスがとれるように調整しています）ここまでしっかりと下準備できたなら船体、脚部、腕部と3つの部位に分けて工作していきます。

◆脚部

エンジンに彫刻されているディテール部を開口して片側に6個挿します。LEDは3㎜の円筒型という先端が平らなものを使いエンジンパーツとツライチにしました。左舷脚内部には劇中にも登場する都市を再現しました。とはいえ道路幅を3mで想定するとあんな大都市が入るスペースはマクロスにはありませんので、設定画を真似しつつも公園型娯楽都市的なイメージで作ってみました。内部の照明はチップLEDの昼光色を天井付近に設置します。脚部内に設置したLEDからの配線は、すべて一度並列で繋げてまとめます。そうしてから船内に加工して船体側へ導きます。右舷も同様に配線します。

◆船体

船体表面にパーツを接着してディテールを追加していくだけでは密度が足りないと思い、今回はパネルラインで開口しメカを盛り込む方法を合わせて行ないました。船体表面のパネルが外れ、内部のメカが露出している箇所を作るわけです。めぼしい箇

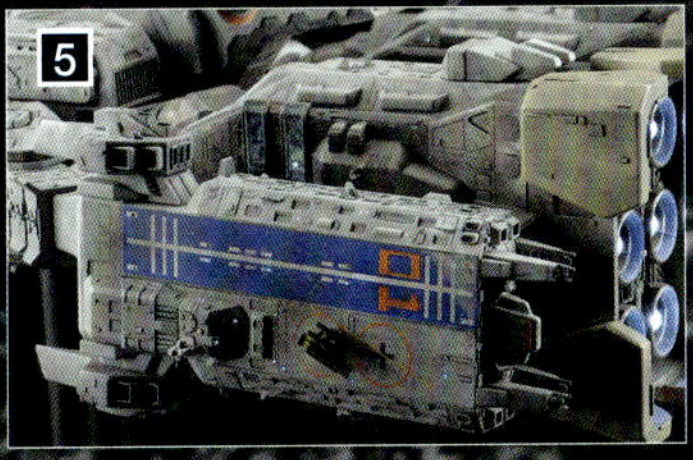

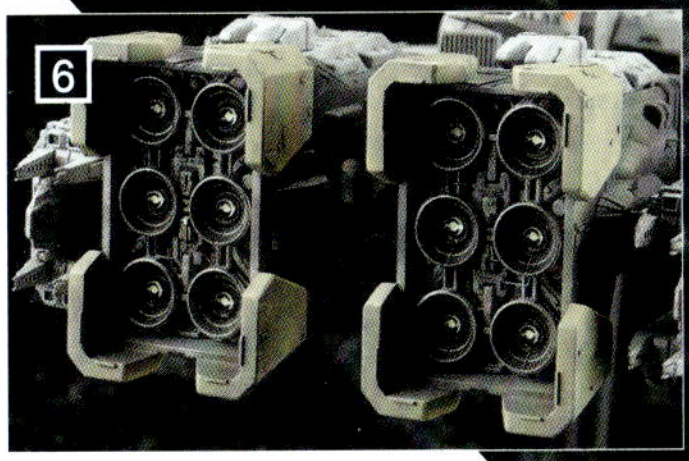

4 5 劇場版マクロスの特徴である両舷に接続されたARMD級宇宙空母は、塗装とウェザリングを済ませたのち、光ファイバーを植えている。甲板上は赤と青の誘導灯や艦橋の一部を発光させている。6 電源を落としたエンジン部の様子。キットのモールドを活かすため、砲弾型ではなく、円筒状のLEDを選んで埋め込んでいる。LED自体には彩色していない。7 艦橋も目を引く場所のため、細密なディテールアップと電飾を施している。青色のチップLEDは輝度の高いものを選び艦橋内に仕込んでいる

所をパネルラインで切り取り開口し、裏側からプラ板で内壁を作っておきます。このなかに艦船模型などから流用した細密なディテールパーツを貼り付けていきます。船体の前方のほとんどが主砲になるのでメカが露出していてもさまになるかな、と考えました。続いて表面にプラ板でディテールを入れデコボコにしていきます。脚部及び腕部でも同様の作業を行なっていますが、これらひとつひとつが船体に影を作り巨大感を生み出してくれるという模型的表現です。あまりに厚いプラ板でディテールを入れてしまうと今度はおもちゃっぽくなってしまいます。1／4000スケールだと1㎜厚プラ板は厚み4mであることを念頭に置いてチョイスすると無理のないディティールが作れます。今回は0・1~0・3㎜の厚みのものを中心に使いました。所どころに1／700艦船模型やAFVキットの流用パーツを絡めると表情豊かになります。

塗装とウェザリングまで終わらせたのちに、3㎜白LEDを内部に設置、光ファイバーを植えていきます。使うのは0・25㎜のもので、0・3㎜のピンバイスで船体に穴を開けては植えていきます。窓のようにきれいに並べて光らせたいところは塗装前にリベットマーカーを使い目印を付けておき、先に連続して開口してから植えました。また、船体部分には電解コンデンサとトランジスタを使った点滅回路を入れています。劇中のような明滅は再現せず航行灯のイメージにしてみました。前出の支柱の位置ですが、キットの位置では強度的に不安があったのと本体にDCジャック、支柱にDCプラグを設置し着脱ができるようにするため、エンジンのディテールを潰してしまいますが本体側に移設しました。

◆艦橋

このスケールですと艦橋はとても小さくなります。イメージ的に高さが足りないように感じますが、頂上部のディテールがないためで、設定画を見ながらプラ板で追加工作して2㎜弱高くしています。アンテナ部分もあっさり目なのでディテールを追加

無数の光ファイバー＋細密ディテールの追加で巨大感を演出する

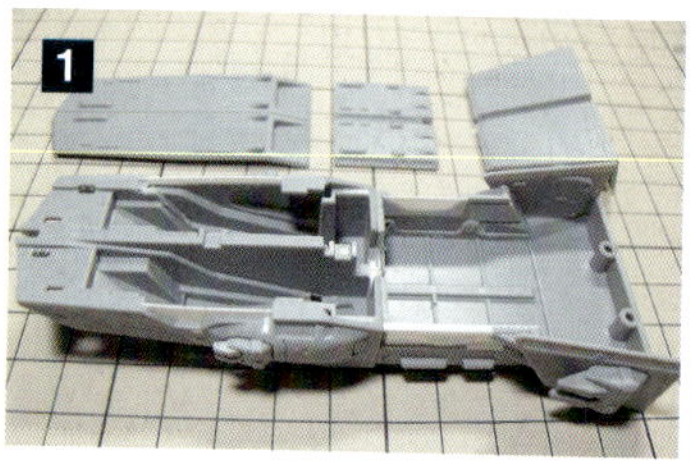

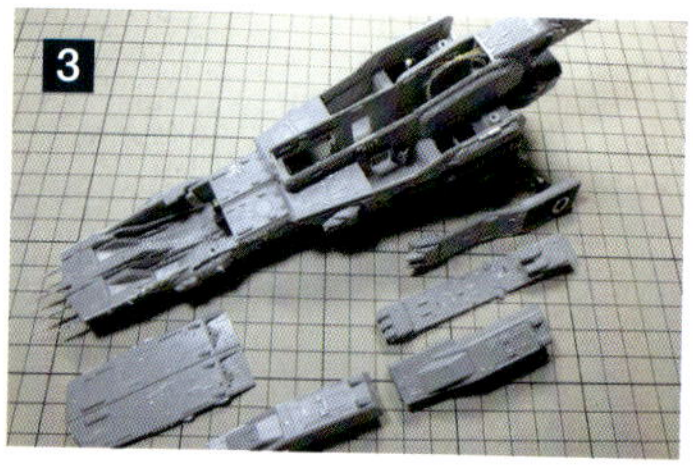

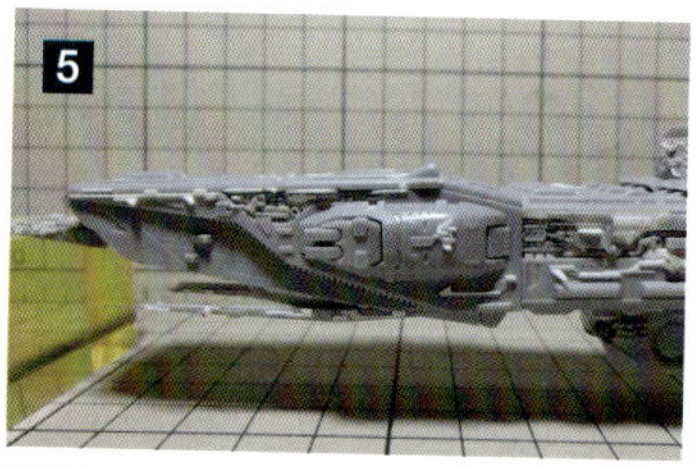
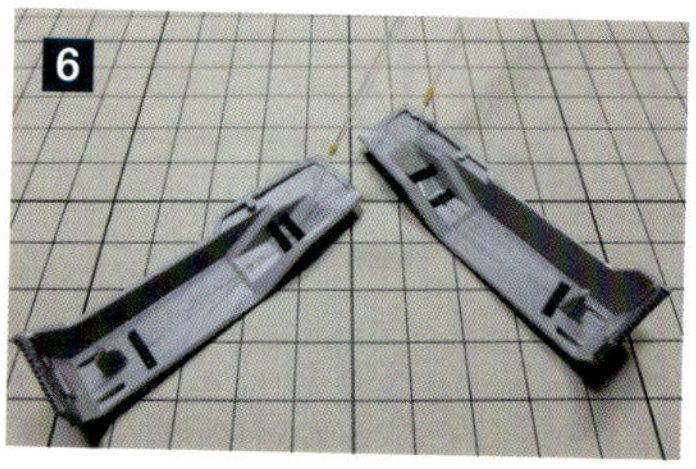
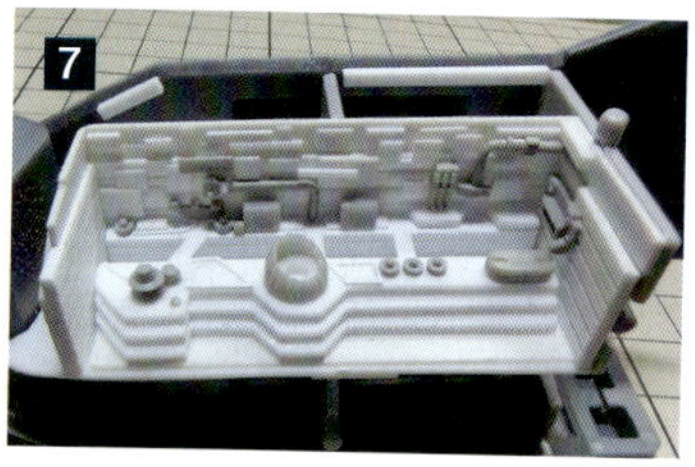

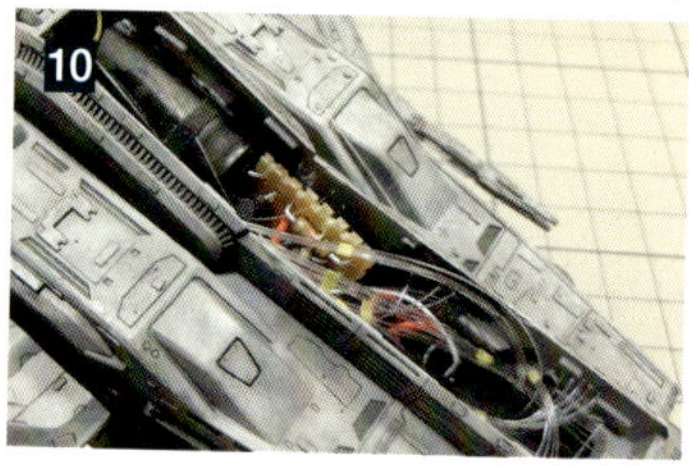
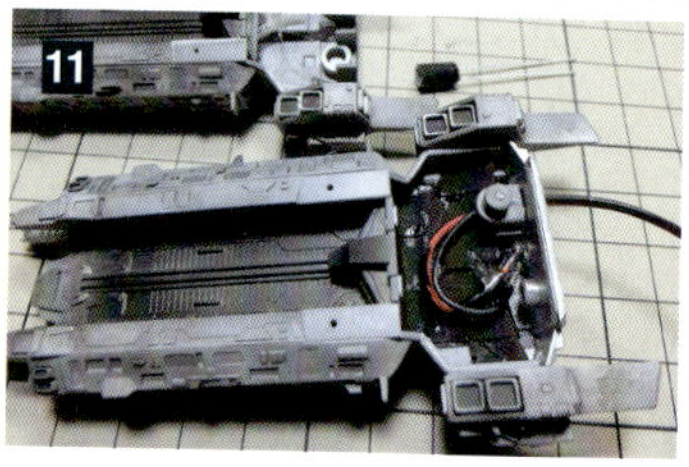
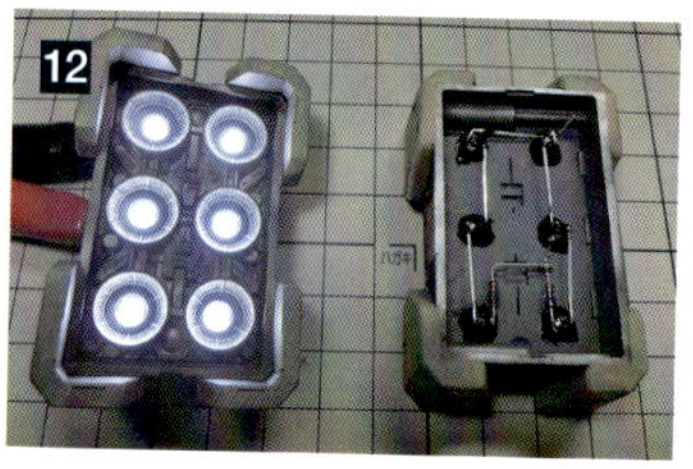

1仮組を進めながら一体化したほうが作業がしやすい場所は先に接着を進める。2外壁を切り取って内部構造が見えている演出を施す場所も。3最終的に作業する部位がそろった状態。電飾の計画もここで終わらせる。45各所のディテールアップ。白い部分がプラ板などで追加工作した部位。6外装を完全に接着するまえに塗装とウェザリングを施し、光ファイバーを植えていく。極端に湾曲させられないので、余裕をもったスペースを確保するのがコツ。7右舷脚部内の町並みをプラ板などでスクラッチビルドする。8先端部を発光させる場合、BMCタガネでパーツに横から溝を彫り、光ファイバーを埋めて光硬化パテで固定する。9電飾工作がある程度進んだなら、黒い紙テープなどで光源を包むなどして内部を遮光する。10小さな点滅回路を作って胴体内に仕込んだ。ほかの光ファイバーなどを折らないように慎重に収める。11ARMD艦内にも光ファイバーとその光源のLED、CRD抵抗を仕込んで電源ケーブルだけを本体に伸ばす

しています。斜め後方に伸びているアンテナは途中にブレードアンテナ風のディティールが入っているのでキットのパーツは使わず真鍮パイプを軸にプラ板でディティールを入れた物に置き換えました。これのなかに光ファイバーを通して先端を光らせました。ちょっと太めになりましたが、先端発光とブレードアンテナ状ディテールの接着強度が稼げました。艦橋の大きな窓には青色のチップLEDを埋め込んでいます。光ファイバーを光らせるために使ったLEDはすべて白色を使い、赤や青で光らせたいところは光ファイバーの先端にクリアーカラーを塗って色付けをしています。また今回のように沢山の光ファイバーを植えて光らせる場合、調光回路を作り明るさを調整することもありますが、今回はスペースがないので円筒型3㎜LEDの先端にプラ板を接着し調光しました。

◆**塗装**

塗装はガイアノーツのメカサフ ヘヴィを吹いてからすべて銀色に塗装し、明るいグレーはGSIクレオスのMr.カラー、311グレーを基本色にしています。脚部はメカっぽい表現にしたかったので黒を重ねてガンメタに近い色味にしました。エンジン部の黄色はMr.カラーのサンディブラウンを使いました。下地のガンメタ色を利用して発色させているため下地色次第でイメージが変わる可能性があるのでご注意ください。塗装後はエナメル系塗料の黒でスミ入れし、GSIクレオスのウェザリングカラーとパステルでウェザリングしました。最後にせっかく1／4000のデストロイド・モンスターが付属しているので移動砲台よろしく配置しておきました。

今回は大型戦艦を徹底的にイジらせていただきました。ディテールを追加するなら縮尺の数字が大きいほどこまかくなり時間もそれなりにかかりますが巨大感が出せたときの喜びも大きい！　完成時30㎝と手頃なサイズなのでじっくりと時間をかけて取り組むにはいいキットだと思います。『愛・おぼえていますか』を聞きながら！■

BATTLESTAR GALACTICA

GALACTICA/ギャラクティカ

『BATTLESTAR GALACTICA』
アメリカTVシリーズ／60分
2003～2009年公開

日本では1979年に劇場公開され、3年後にテレビシリーズが放送された『宇宙空母ギャラクティカ』。そのコンセプトを生かしたまま、9.11の傷跡のいえぬ2003年にリ・イマジネーション（再創造）したテレビ・シリーズ。

12コロニーで平和に暮らしていた人類は、使役ロボットとして機械生命体サイロンを造った。だが、自我を持ったサイロンはクーデターを起こし、第一次サイロン戦争が勃発。40年後、サイロンは人間そっくりの有機体に進化して再び12コロニーを奇襲攻撃する。記念艦として退役寸前だった老朽艦バトルスター“ギャラクティカ”は、たまたまサイロンからの攻撃を逃れ、生き残った民間宇宙船を率いて、古文書にある13番目のコロニー“地球”を目指す。だが、ギャラクティカの乗組員および船団内には、何人かの人型サイロンが潜伏していた……。

ファンタジックだった旧作とはうってかわった現代風のビジュアル、細部まで徹底したミリタリー性、実写映像のような手ブレを導入したドキュメンタリー調のVFX。そして9.11以降の神経症的な社会のムードを取り入れた高度なドラマ展開により、過去のSF作品を凌駕する完成度を獲得。ヒューゴー賞映像部門はじめ、数多くの賞を授かった。

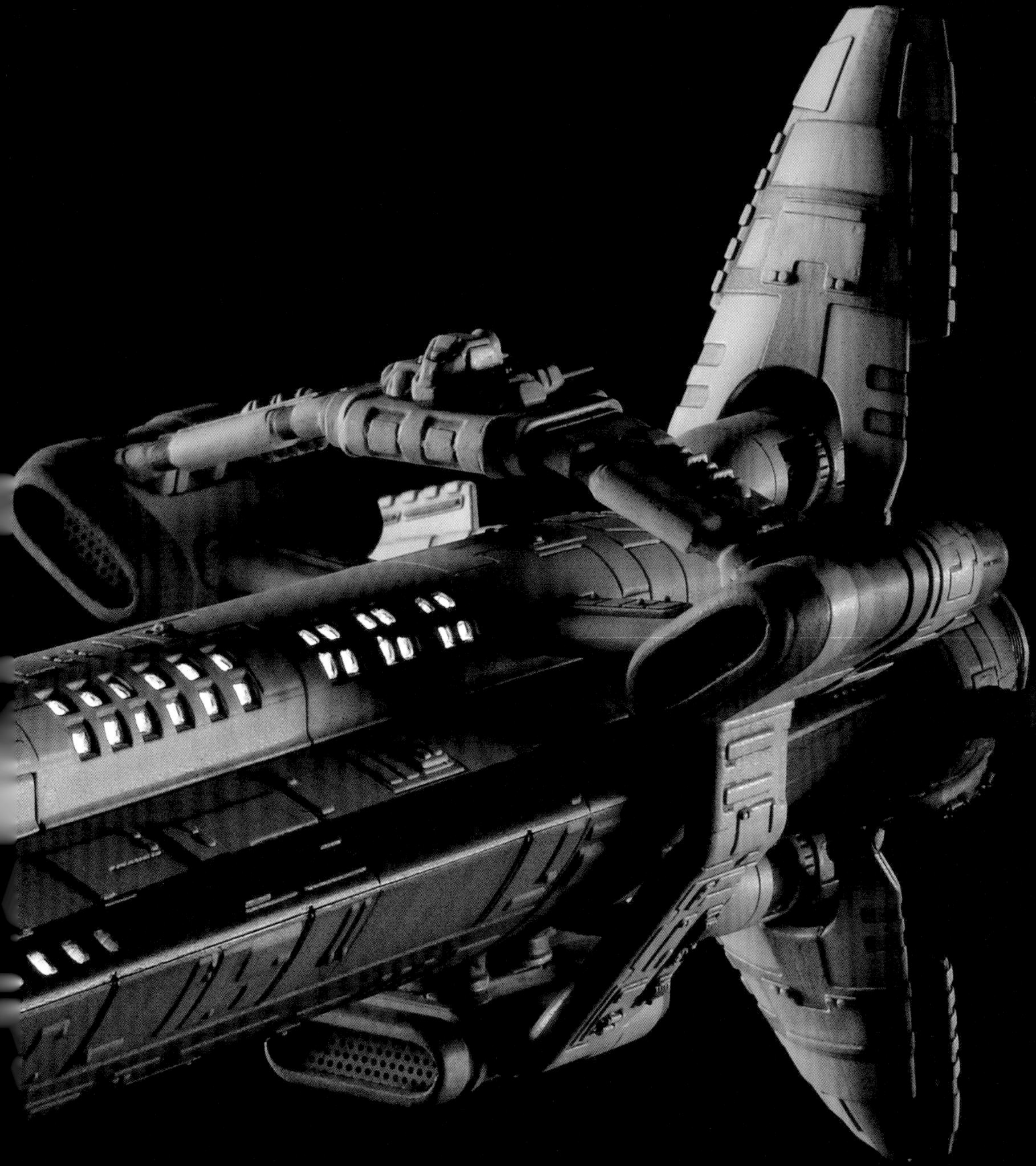

Colonial Fleet Headquarters

COLONIAL ONE

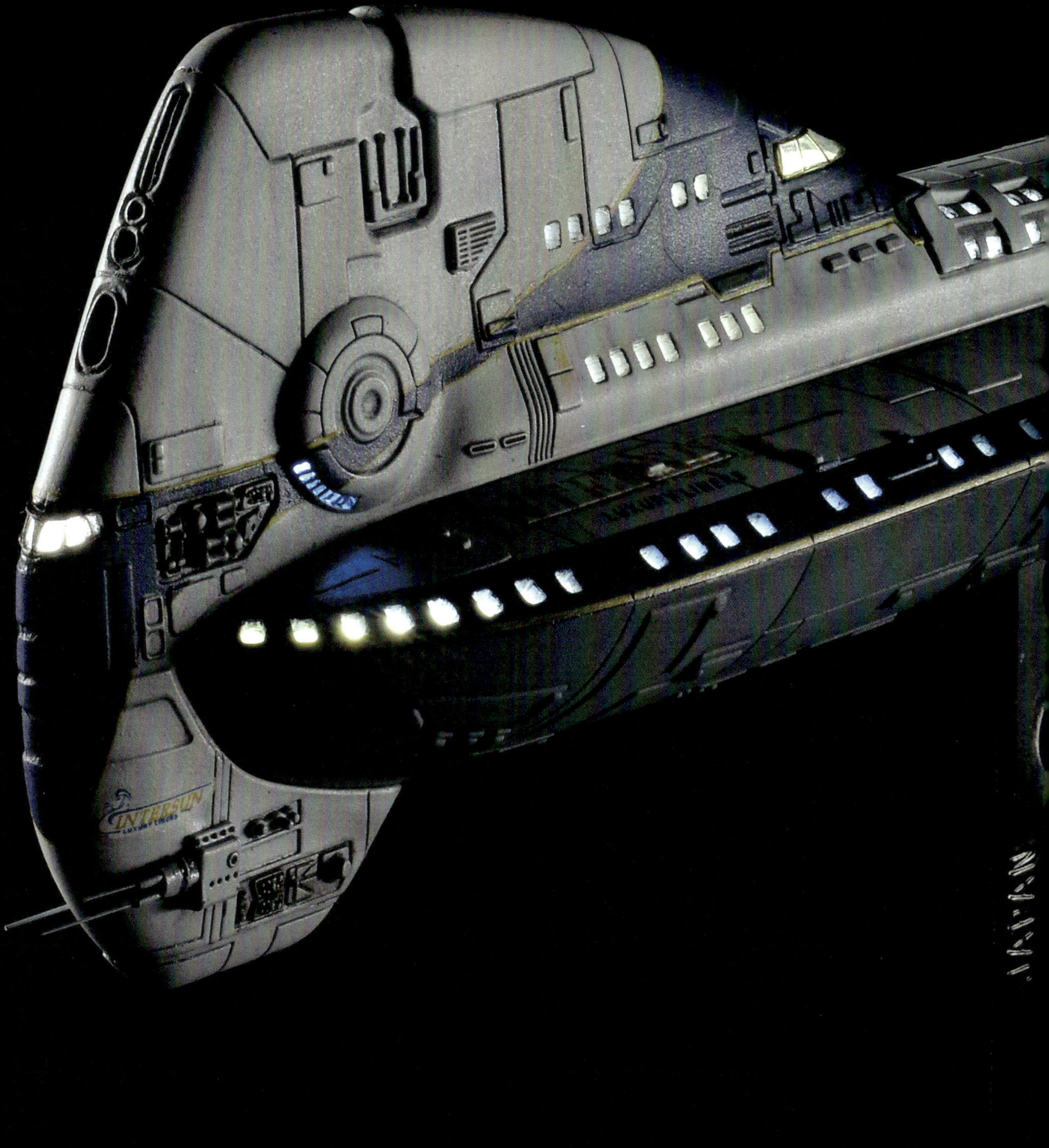

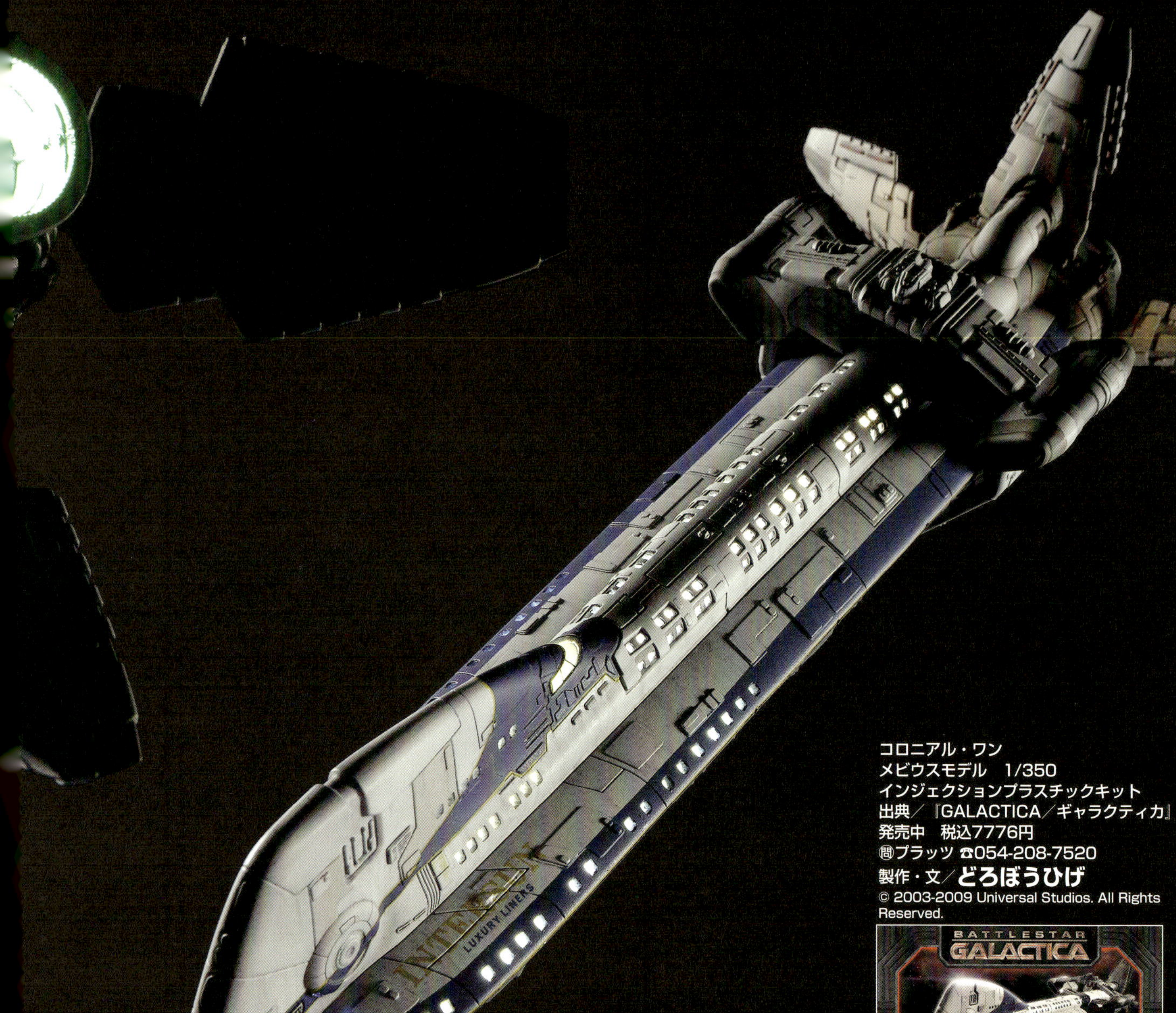

コロニアル・ワン
メビウスモデル　1/350
インジェクションプラスチックキット
出典／『GALACTICA／ギャラクティカ』
発売中　税込7776円
㉄プラッツ ☎054-208-7520
製作・文／**どろぼうひげ**

Colonial Fleet Headquarters

コロニアル・ワン

ほぼ壊滅状態となる人類において、ギャラクティカに合流できた数少ない宇宙船のひとつとして描かれているコロニアル・ワンはもとは民間の客船であった。そのためその姿は鮮やかなカラーリングもふくめ、戦闘艦とはまた違った優雅さと気品を兼ね備えている。劇中ではなかなか見ることのできないその全容をご覧いただこう

■コロニアル・ワン
全長：84.5m
全幅：15m
全高：22m
FTL：可能
乗員：フライトクルー 2名
定員：100～150名

●艦橋だけでなく、後ろ側に展望室をもっているのも旅客船ならではの特徴。コクピット、カーゴ、客室では照明の色も違うだろうということで、光る窓の色を変えている。サブエンジンのオレンジの光がリフレクターに映る姿も美しい

COLONIAL ONE

Colonial Fleet Headquarters

戦時下に灯った希望

文／廣田恵介

FTL（Faster Than Light）ジャンプ機能を備えた旅客船コロニアル798便は、バトルスター艦“ギャラクティカ”の退役セレモニーに参加するため、惑星カプリカを出発した。同船に搭乗していた教育庁長官のローラ・ロズリンは無事にギャラクティカでの退役セレモニーに列席したものの、カプリカへの帰途でサイロンの奇襲攻撃を知る。ロズリン長官は、帰る星を失ったコロニアル798便の操縦室でコロニー政府の公式放送を聞いた。それは、大統領・副大統領・閣僚の大半が死亡ないし職務を果たせなくなった場合の緊急メッセージであった。ロズリン長官に大統領継承順位が回ってきたのだ。急遽、コロニアル798便の客室で大統領就任式が行なわれた。ロズリン大統領の誕生を機に、コロニアル798便は“コロニアル・ワン”と名前を変え、大統領執務船として位置づけられた。ギャラクティカを唯一の戦力に据え、コロニアル・ワンは40隻の民間船を率いて伝説の惑星“地球”を探求する、果てしない旅に出た。

途中、ガイアス・バルター大統領に政権が移行した際、惑星“ニューカプリカ”でコロニアル・ワンは政府の中心施設となった。さらに、ニューカプリカに襲来したサイロンの占領政策により、コロニアル・ワンはサイロンたちの意思決定機関としても活用された。ローラ・ロズリン大統領が再びコロニアル・ワンの執務室に戻れたのは、ギャラクティカとペガサスによる救出作戦後であった。

4年の歳月の末に“地球”へと到着したコロニアル・ワンは職務をまっとうし、ギャラクティカに率いられた他の民間船とともに太陽へと進路をとった。民主主義の象徴だった民間旅客船の美しい最期であった。

Colonial Fleet Headquarters

コロニアル・ワン

●船体に連なる無数の窓は旅客宇宙船ならではのディテール。ていねいにすべてを開口するだけでなく、その窓が船内でどの区画かも考え、内蔵するLEDの色を変更している。また艦橋周辺はディテールが乏しいので、いったん表面を削り落としたあとにディテールを追加するなどしている。円盤状のモールド下部にも電飾が施されていることに注目

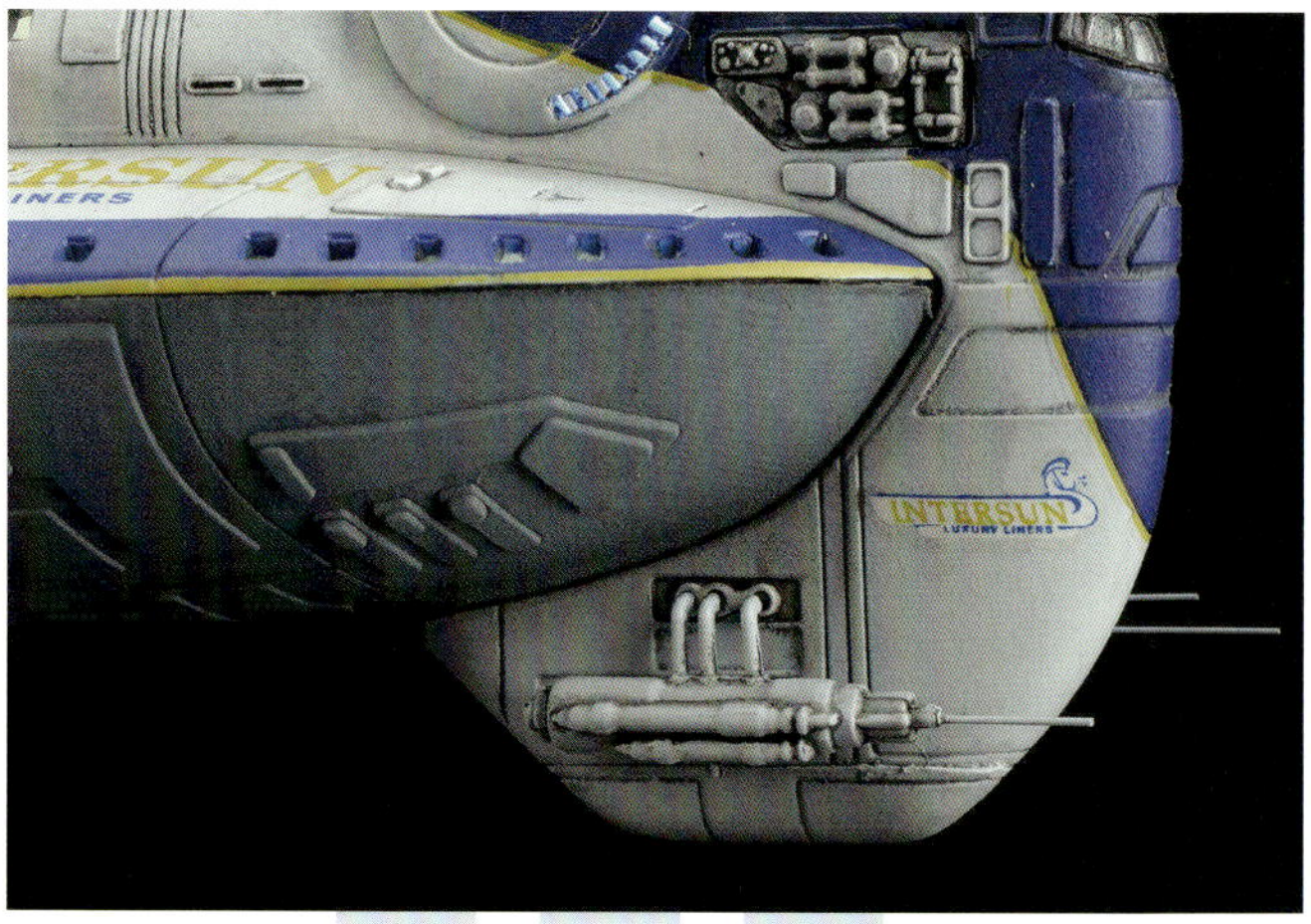

Colonial Fleet Headquarters
COLONIAL ONE

新大統領、ローラ・ロズリンの座乗艦

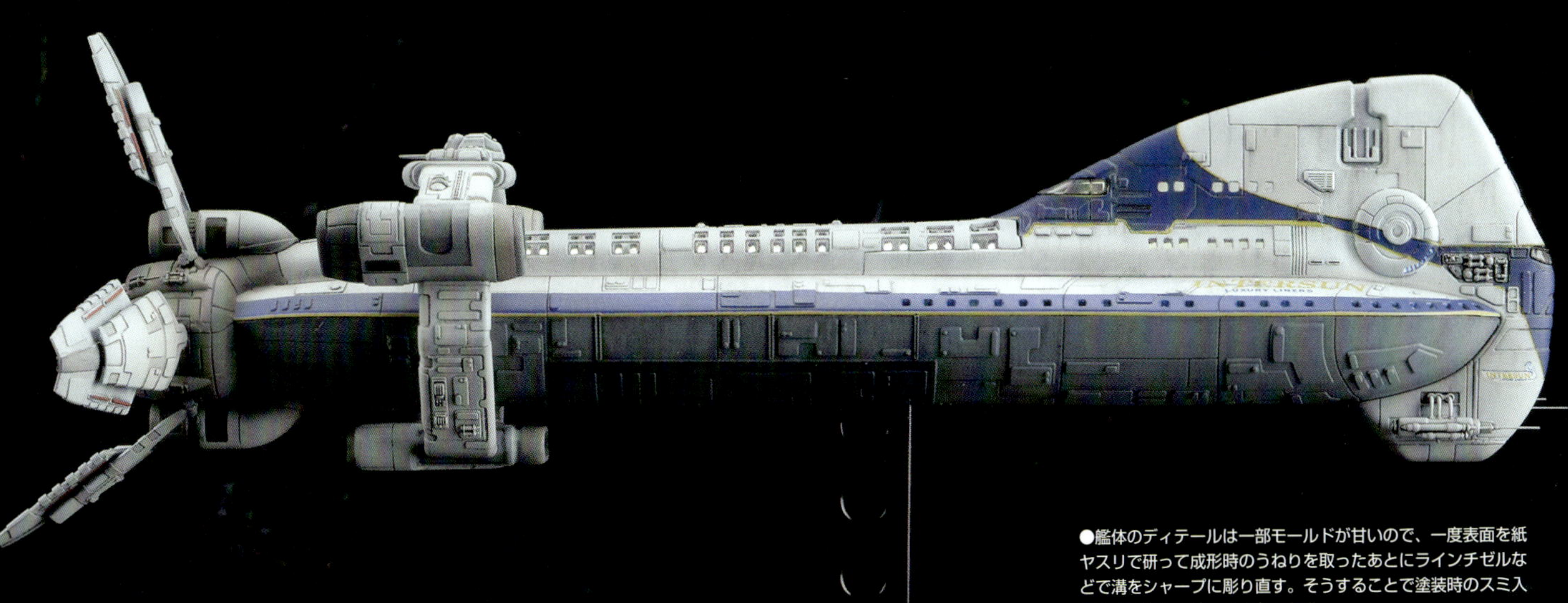

●艦体のディテールは一部モールドが甘いので、一度表面を紙ヤスリで研って成形時のうねりを取ったあとにラインチゼルなどで溝をシャープに彫り直す。そうすることで塗装時のスミ入れなどが美しく映えるようになる

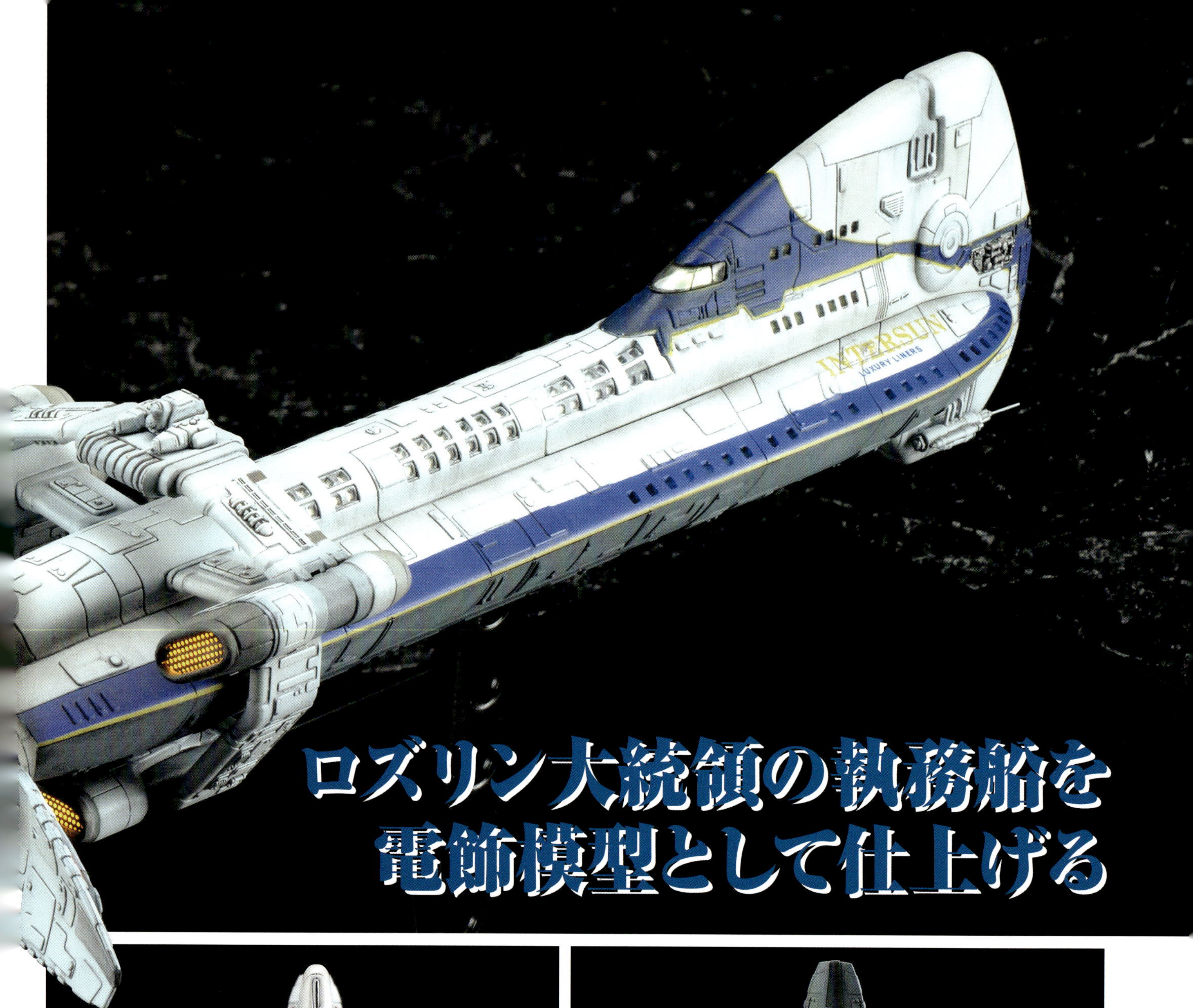

ロズリン大統領の執務船を電飾模型として仕上げる

◆民間船が大統領専用機に

リ・イマジネーション版『GALACTICA／ギャラクティカ』には空母以外にたくさんの魅力的なビークルが登場します。

今回製作したコロニアル・ワンも、独特なフォルムとツートンのカラーリングが強く印象に残る機体ですが、それに加えて、この船が辿る数奇な運命も魅力のひとつでしょう。民間船コロニアル798便は、サイロンの奇襲攻撃から運よく難を逃れ、たまたま乗り合わせていたローラ・ロズリン長官が大統領に就任します。それ以降は〝コロニアル・ワン〟と艦名を変え、大統領専用の執務室となって、数々の重要な決断をする舞台となっていくのです。

今回はメビウス製の1／350サイズのキットに電飾を加え、気品ある客船に仕上げてみました。

◆製作

キットの窓は、すべて開口しました。数が多く四角形なので整形もやりにくいのですが、きれいに並んだ窓が点灯している姿は、客船としての特徴でしょう。後部展望デッキは、窓を透明プラ板で作り直し、内部に壁や床を作りました。船首の張り出した突起部分にあるインテークは、キットではデカールで再現されるのですが、少々立体感に欠けると感じたので、プラ材で自作したインテークをはめ込んでいます。

艦尾を上下左右から覆うリフレクターは組み立て説明図では開閉の状態が選択式になっていますが、どちらの状態も楽しみたかったので可動式にしました。とはいうものの回転軸を仕込むスペースがないことと、通常の軸では状態を保持することが難しいため、今回は磁石を使って可動化しています。つまり別パーツとして仕上げてしまい、軸にあたる部分にネオジム磁石を仕込むことでリフレクターを好きな角度で取りつけることができるというわけです。

サブエンジンは、インテークと噴射口の両方が無数の穴の開いたかのようなディテールになっていますので、手持ちのエッチングパーツからパンチング板を選んで取り

Colonial Fleet Headquarters

COLONIAL ONE

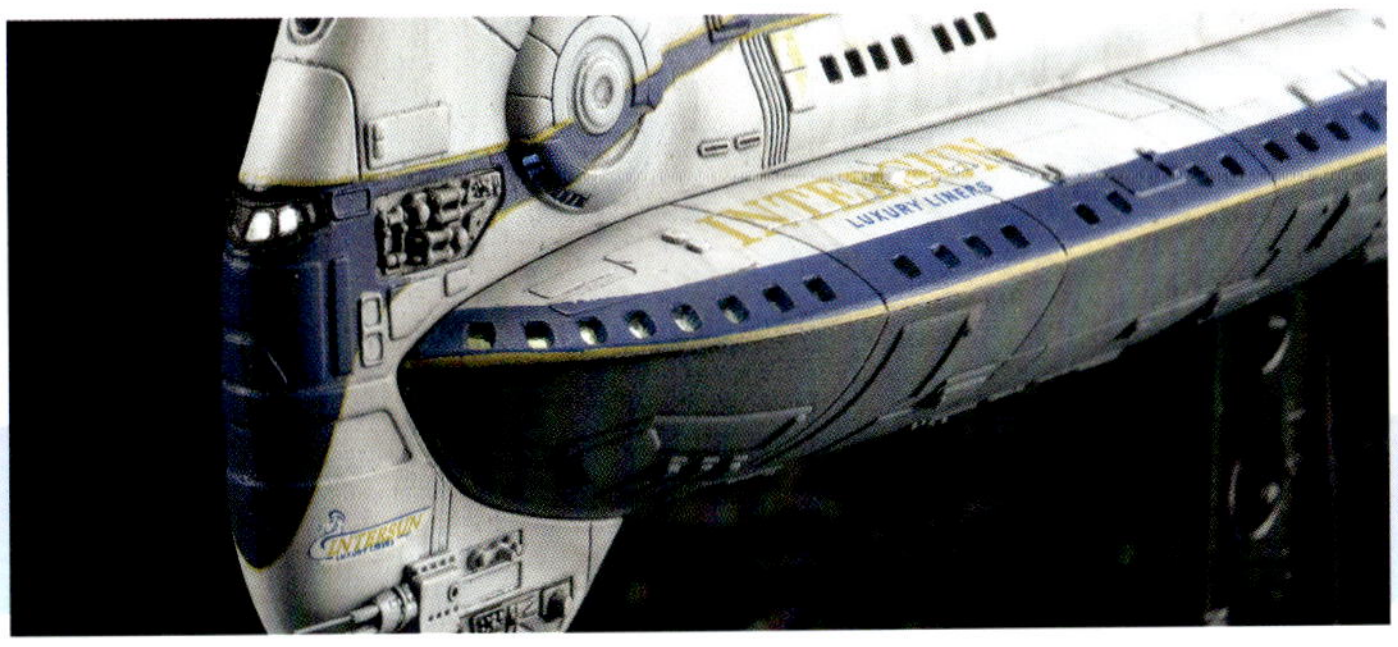

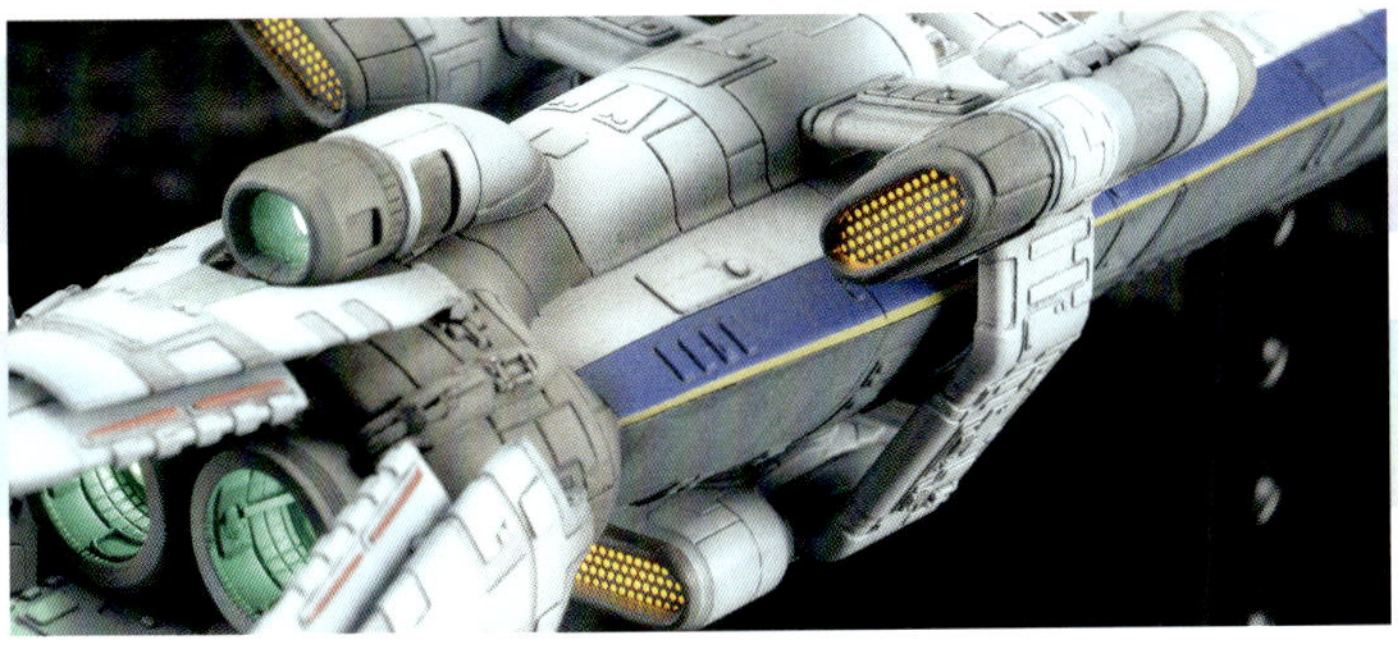

❶艦橋正面部は窓を開口して内側にプラ板で部屋を作りLEDを1個直接埋め込む。船の顔でありながらパーツ分割線がくるのでていねいに接着線を消す。❷艦橋正面はディテールが省略されているので設定どおりに作り起こす。❸船体内に磁石を内蔵し、リフレクターの根本に小型のネオジム磁石を接着することで、艦体に固定しつつ、自由な角度を得ることができる。❹艦体の窓を開口し光らせるが、パーツ内のスペースの関係でチップLEDを使用した。窓には透明のプラ板を裏側から貼っている。❺船体中央部は生活感のある電球色のLEDを3つ設置。それに紙ヤスリを当てて曇らせた透明プラ板を貼ることで、光を散らせている。❻船内のLEDをすべて光らせた所。電飾工作は、断線の恐れがあるので、工作がひと工程進むごとに毎回発光テストを行ない、光らなくなった場合には原因をチェックしていく。❼船体上下にある緑色のLED部分には5㎜のものを使用した。パーツ内部のダボや壁を削り取って埋め込む。固定には瞬間接着剤は使用せず、ホットボンドで配線の根本をふくめて固定する。❽エンジン発光テストの様子

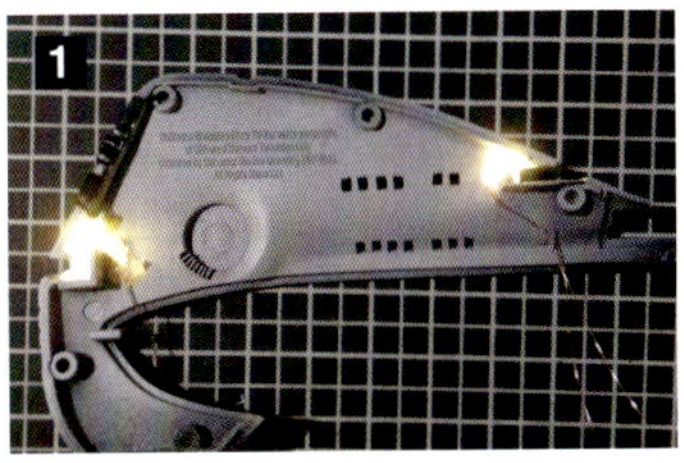

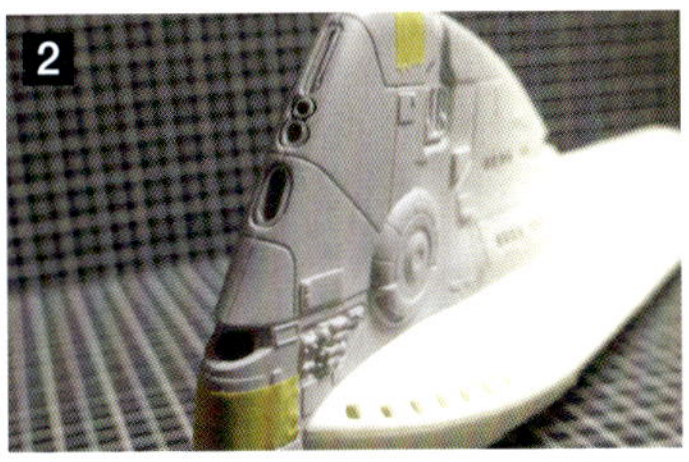

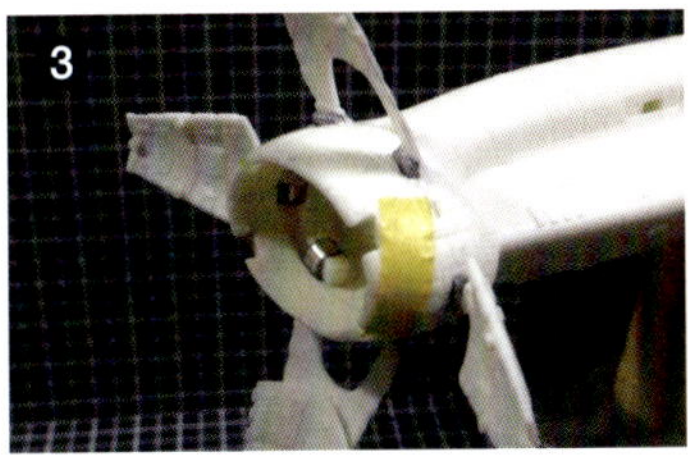

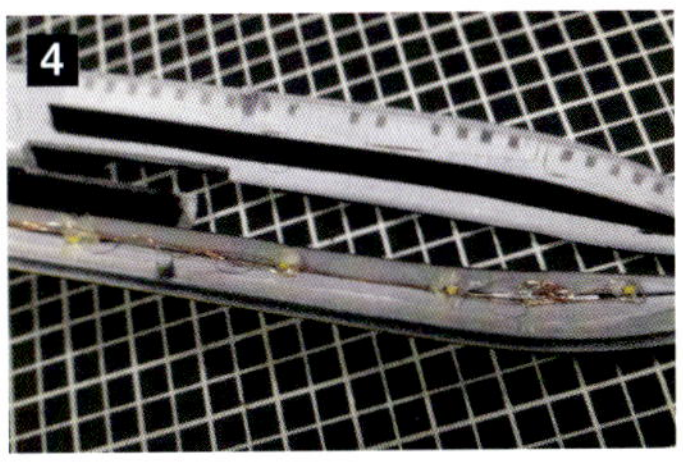

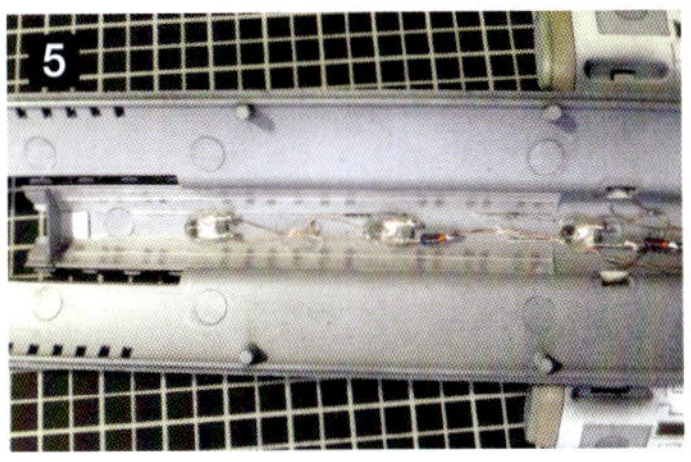

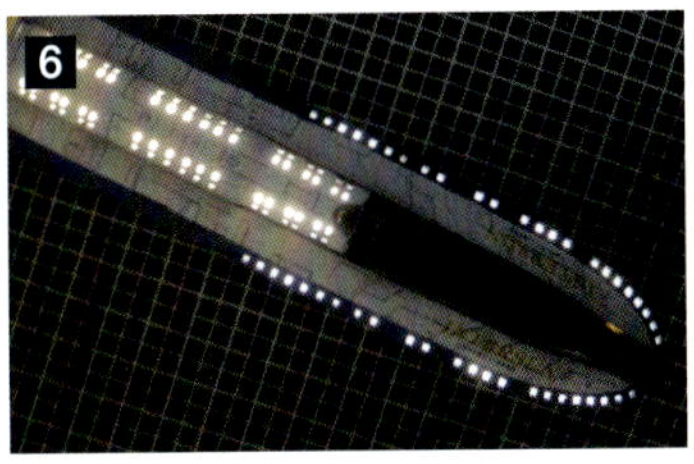

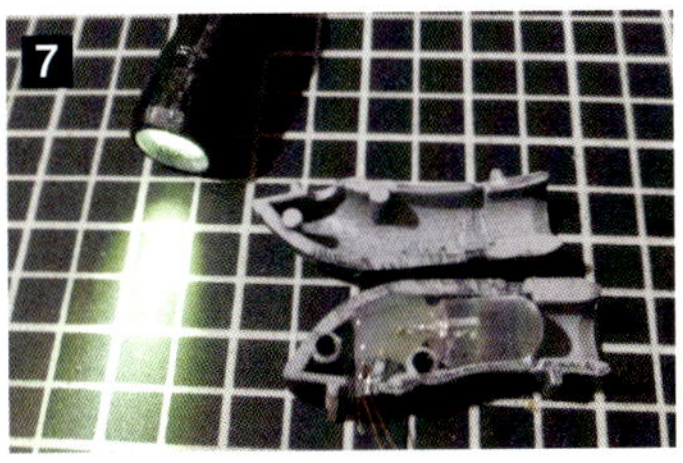

付けました。これは金属なので遮光性が高く、電飾する際にも都合がよいです。そのほか、センサーやアンテナ類は、真ちゅう線に置き換えました。

◆電飾

無数の窓は、紙ヤスリを使って曇らせた透明プラ板を裏から当てています。ガラスの表現と光の拡散を両立させています。生活感のある電球色のLEDを使い、内部の空間があまりないところにはチップ型を使用しました。LEDはプラ板を箱組みして閉じ込め、余計な部分に光が広がらないよう対策を取っておきます。操縦席や展望室、さらに両舷にあるスリットも、内部にプラ板で箱を作り、LEDの光が点灯させたい部分だけに集中するようにしてあります。

メインエンジンは黄緑色LEDを直接取り付けていますが、この色は5㎜径のものしかなかったため、上下の筒型のエンジンは内部を削って収めています。船体に対して斜めに装備されているサブエンジンは、3㎜の黄色LEDを取り付けましたが、パンチングの穴から直接光が見えないように、裏から0・3㎜のプラ板を当てて、光を拡散させています。

◆塗装

コロニアル・ワンは、もともとは客船ですがカラーリングはエアフォース・ワンそのもの。まずは全体をブラックで遮光してからグレーを塗装しました。ロイヤルブルーの部分は、キットにデカールが付属していますが、マスキングをして塗装で仕上げた方が綺麗に仕上がると思います。劇中では確認しにくいのですが、エンジンやリフレクターにこまかい塗り分けがありますので、こちらもマスキング塗装で仕上げています。大統領専用機らしく、スミ入れや汚しは控えめにして、上品なイメージで仕上げましたが、巨大感を出すために雨だれの表現を少しだけ加えています。

コロニアル・ワンは全長93mと非常に小さい宇宙船ですが、たまにはきれいな宇宙船を作ってみるのもよいですね（笑）■

Colonial Fleet Headquarters

COLONIAL ONE

●磁石を使ったリフレクターの接続は、バランスよくパーツが固定される角度を考えて設置しているため、設置すると簡単に角度が決まる。小数のLEDで室内灯をまかなっている船体内部は工作後に内部をライトグレーで塗装し、光を反射するようにしている。逆にしっかり黒で塗装し遮光をしている後部エンジンは指向性の強い光で充分にエンジン光を照らしだしている。左右にならぶメインエンジンも5㎜の緑LEDを使用している

SPACE BATTLESHIP YAMATO 2199

宇宙戦艦ヤマト2199

『宇宙戦艦ヤマト2199 星巡る方舟』
劇場公開作品／111分
2014年公開

1974年放送の『宇宙戦艦ヤマト』をベースに、総監督の出渕裕など新たなスタッフにより制作された作品が『宇宙戦艦ヤマト2199』。惑星イスカンダルから波動エンジンの設計図を届けられた地球人類が宇宙戦艦“ヤマト”を建造して、はるかな旅に出る……という基本プロットこそ旧作を踏襲しているものの、ヤマトの構造や設定は徹底的に再考証され、敵である大ガミラス帝星に関してもキャラクターの戦歴や政治的立場、艦艇の種別や言語などが新たに構築され、世界観は格段に重厚さを増した。

劇場用完全新作『宇宙戦艦ヤマト2199 星巡る方舟』は、イスカンダルから地球へ帰還するまでに起きたエピソードを描く。“帝星ガトランティス”の攻撃から逃れたヤマトは退避した先で、謎の惑星に降り立つ。そこで目にしたのは戦艦大和の姿で、艦内には七色星団海戦で生き残ったガミラス人たちが足止めをくっていた。通常の時空間から孤立した大和の中で、古代進とガミラス人のフォムト・バーガーの間には奇妙な信頼関係が生まれていく。

バーガーや桐生美影などの主要人物は『宇宙戦艦ヤマト2199』でも描かれており、TV版と劇中の繋がりもみることができる作劇となっている。

SPACE BATTLESHIP BBY-01
YAMATO
Cosmo Reverse Ver.

『星巡る方舟』で見せた帰路のヤマトの姿……

日本のSFファンにとって、宇宙戦艦といって真っ先に思い出すのが「宇宙戦艦ヤマト」だろう。1974年に放送が始まった本作品は一大ブームを巻き起こし、その後数多くのSF作品に影響を与え続けた。近年では、2012年にはリメイク作品として『宇宙戦艦ヤマト2199』が制作され、ヒット作となった。ここではそのイスカンダルからの帰路の姿を仕上げてもらった。

宇宙戦艦ヤマト コスモリバースVer.
バンダイ 1/1000
出典／
『宇宙戦艦ヤマト2199　星巡る方舟』
インジェクションプラスチックキット
発売中　税込4104円
㈲バンダイ静岡相談センター
☎054-208-7520

製作・文／**高橋卓也**

国連宇宙軍 恒星間航行用 超弩級宇宙戦艦 ヤマト

コスモリバースVer.

●艦体左右、艦橋後部の展望室は、そのサイズから大きく光り、逆に白い翼端灯などはこまかく小さく光ることで艦の規模を感じさせる。列になった甲板上の誘導灯もトーンを抑えたブルーなのも雰囲気を考えての選択だ

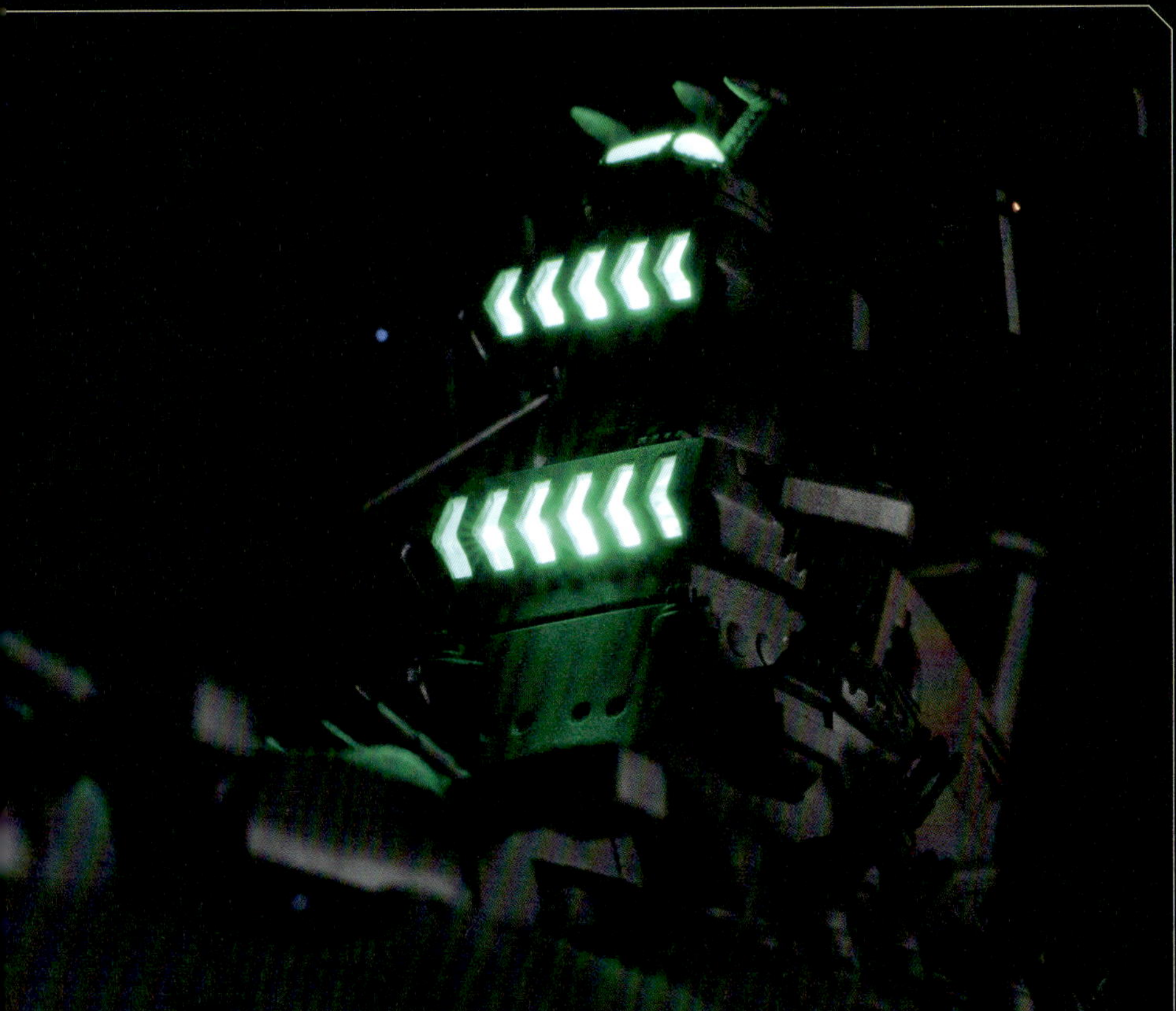

●エンジンのつぎに発光してほしいのが各艦橋。内部をくり抜き、内部を完璧に遮光することで少数のLEDでこれだけ光る電飾を施すことができる。透明パーツへの加工によって散光させているのも効果が大きい

国連宇宙軍 恒星間航行用超弩級宇宙戦艦ヤマト

SPACE BATTLESHIP BBY-01 YAMATO

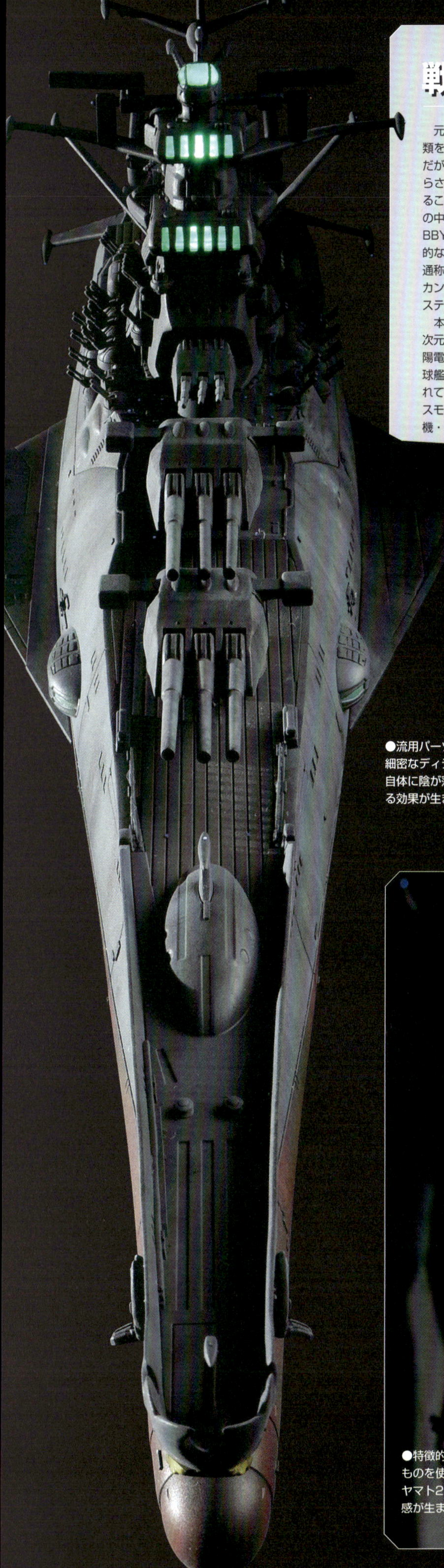

戦う艦から“希望の船”へ

文／廣田恵介

元来は「イズモ計画」に基づき、地球から一部の人類を脱出させるための大型艦として建造されていた。だが、サレザー恒星系第４惑星イスカンダルからもたらされた次元波動エンジンおよび波動コアを搭載することで次元波動超弦跳躍機関が完成、「ヤマト計画」の中核たる恒星間航行用超弩級宇宙戦艦（識別番号：BBY-01）として生まれ変わった。本艦の最も革新的な機能は次元波動超弦跳躍機関による超光速航行、通称ワープ航法である。ワープ航法によって惑星イスカンダルにある惑星再生システム“コスモリバースシステム”を受領することが本艦の主任務である。

本艦には次元波動エンジンを独自に技術転用した次元波動爆縮放射機（通称：波動砲）を始め、三連装陽電子衝撃砲などの新式武装が施され、旧来の連合地球艦隊の艦艇とは桁違いに強力な戦艦として完成されていた。また、その巨体を生かしてコスモゼロ、コスモファルコン、コスモシーガルといった多数の戦闘機・輸送機・偵察機・内火艇を複数の格納庫内に擁する。さらに、次元波動理論を応用した次元波動振幅防御壁によって防御力も格段に秀でていた。

惑星イスカンダルへの航海は、自動航法室に秘められた航路図に沿って行われた。だが、実際には次元波動エンジンの設計図を届けたイスカンダルの第三皇女ユリーシャの記憶をトレースすることで航路が決定されていた。このように、異星のテクノロジーを転用した本艦には乗務員にも知らされていない未知の部分が多い。地球側が独自に開発した波動砲も、かつて惑星イスカンダルが使用した忌まわしい破壊兵器と同質のものであった。そのためスターシャ・イスカンダルは本艦が波動砲を装備していることに難色を示し、コスモリバースシステムの供与を拒否するほどであった。協議の結果、「地球＝イスカンダル和親条約」によって波動砲には放射口封印栓（封印プラグ）が設置された。同時に、本艦中枢部にコスモリバースシステムが組み込まれ、文字通り艦そのものが地球を救うための唯一の希望となったのである。

●流用パーツやプラパーツを使ってボディ全体に細密なディテールアップを施すことによって、艦自体に陰が落ち、さらにディテールが増して見える効果が生まれている

●特徴的な艦橋頭頂部の三本のレーダーアンテナはキットのものを使用せず、バンダイ　メカコレシリーズの「宇宙戦艦ヤマト2199」のパーツを流用。これでさらに巨大艦の細密感が生まれる

苦難の航海の果て
帰路を急ぐヤマトの姿

電飾模型ブームの火付け役、バンダイの「宇宙戦艦ヤマト2199」プラモデルシリーズはついに、劇中最後のヤマトの姿を製品化。波動砲を封印し、安定翼を得たその姿にはこれまでとは違った光の演出を考えてみたい。ポイントは光る場所とその色。また、紺色と艦底色のツートンという、沈みがちな船体色へも1/1000サイズを配慮した調色を施している

●レーダー部先端の点灯は右舷を青、左舷を赤としているが、それ以外の艦体部分では白を採用しつつ、一部ではブルーの塗料を光ファイバー先端に塗布するなどして単調になるのを防いでいる

SPACE BATTLESHIP BBY-01

YAMATO

Cosmo Reverse Ver.

●艦体の大きな部位にはあえて追加ディテールを加えず、外郭の合わせ目などを中心に工作を施すことで、設定にはないディテールにもかかわらず、ヤマトという艦の印象を変えずに密度を上げることに成功している

●後部のカタパルト周辺は細密なディテール設定があるので、設定画を確認しつつ雰囲気重視でディテールを加えている。その追加したディテールを際立たせるためにスミ入れ塗装も施しているが、さりげない雰囲気をだすために艦体の色に対してうるさくない調子の色を選択している

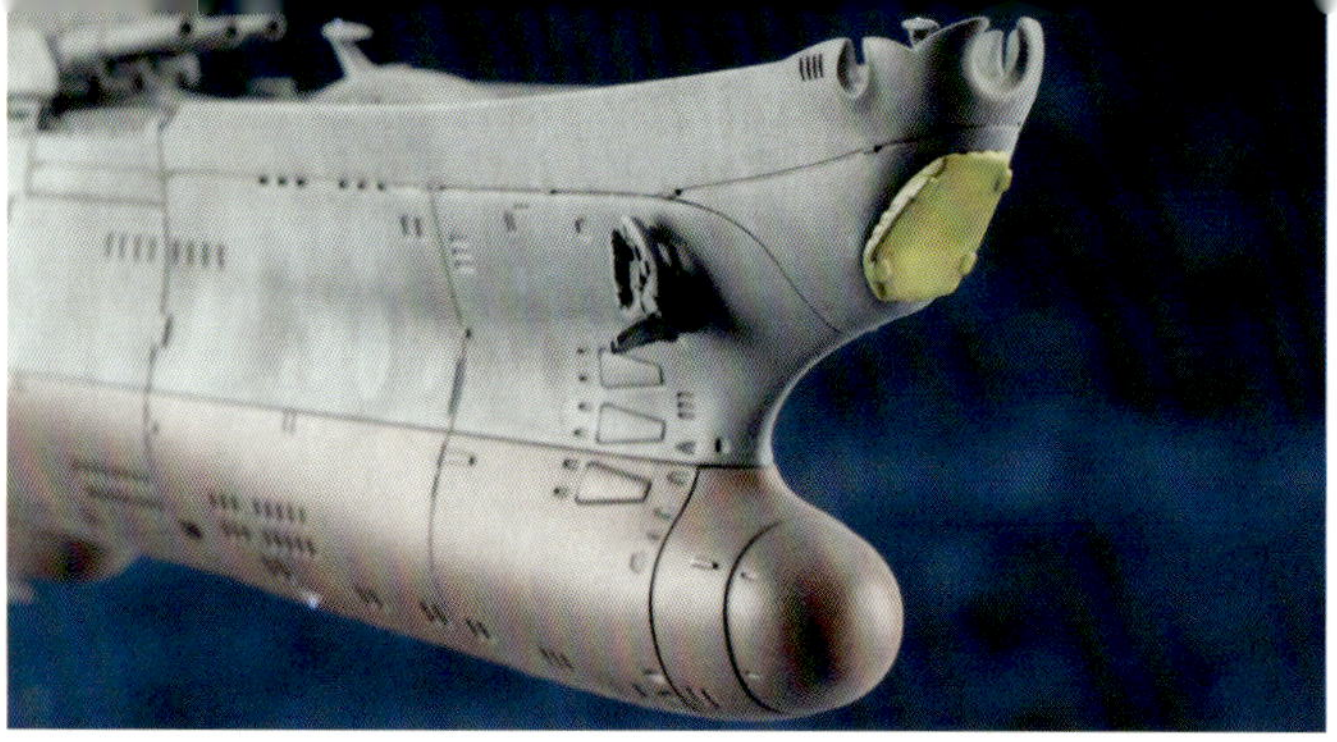

電飾&追加工作で一層の巨大艦感を演出

今回製作する宇宙戦艦ヤマトはイスカンダルでコスモリバースシステムを受け取り波動砲を封印された姿を再現したものです。名前からもわかるとおり、ヤマト自体がコスモリバースシステムと化したわけです。外見的にはこれまでの1／1000ヤマトに比べ波動砲にフタが付き、安定翼が付属した程度の変化です。このヤマトも美しい電飾を仕込んで仕上げたいと思います。劇中ラストシーンのガミラスと初めて共闘した記念日を祝う電灯艦飾のように灯された白色の光を再現したいなと考えています。

波動砲を封印されているので、点灯箇所は、メインエンジン、サブエンジン、艦橋と、各展望室でしょうか。そのほか、翼端灯ですとか、各種アンテナの先を光らせましょう。

まずは艦橋まわりですが、艦橋は緑色の3㎜LEDを2個使い艦長室、第一と第二艦橋、展望室をまとめて光らせてしまいます。光らせてしまうと内部がよく見えない艦長室は床をぶち抜きひとつ目は第一艦橋、ふたつ目は第二艦橋辺りにLEDを設置しました。クリアパーツはすべてヤスリ掛けして均等に光るようにします。艦橋に植えた光ファイバーは長めに切り出しておき船体内部に設置するLEDで光らせます。

尾翼やアンテナ類は光ファイバーを通す穴をあけるのは困難なので、横から0・3㎜のタガネで溝を彫ります。フリーハンドでは心許ないので、テープを貼ったり、クリップで挟むなどしてガイドとします。そこに0・25㎜の光ファイバーを埋め込み、光硬化パテで固定します。「光硬化パテロックレーザー328」というものを使用していますが、粘度がちょうどよく、爪楊枝で光ファイバーを押さえつつパテを流し込んで紫外線LEDを当てて固めます。一回でやろうとせず何度かに分けて少しづつ埋めていくとうまくいきます。切削性もいいので仕上げも難しくありません。

同じようにして安定翼にも光ファイバーを埋め込みます。このパーツは差し替え式なので、翼を閉じた状態でも同じ箇所が光るようにしました。船体側の光ファイバー

SPACE BATTLESHIP BBY-01

YAMATO

Cosmo Reverse Ver.

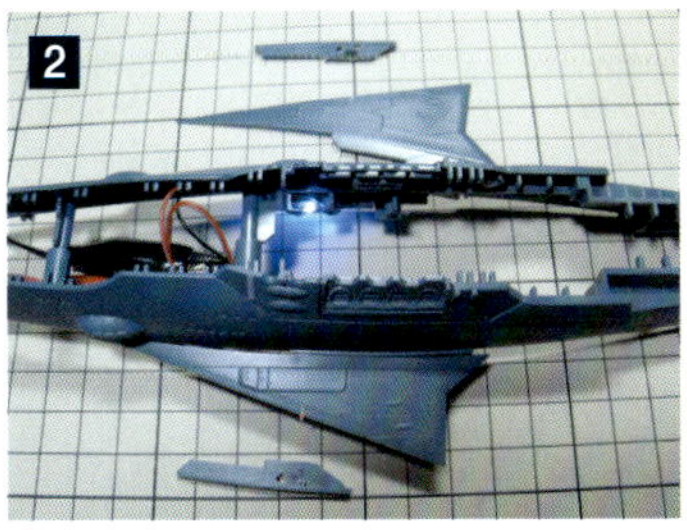

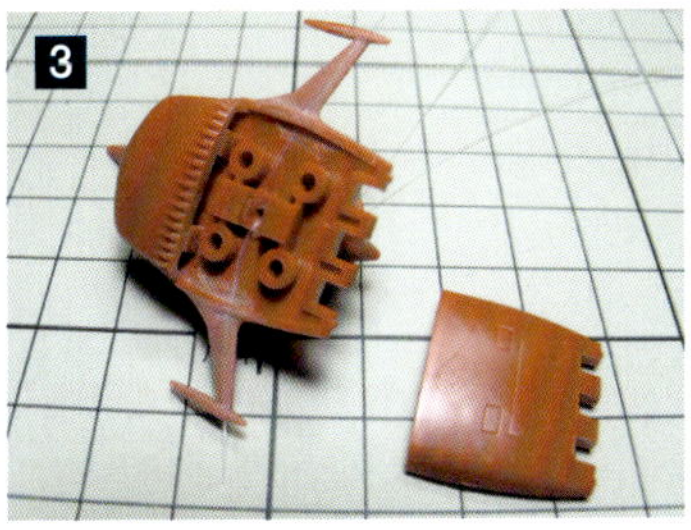

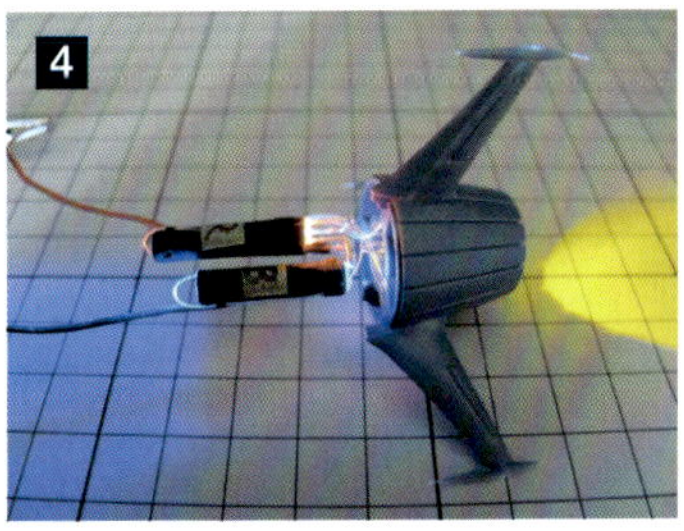

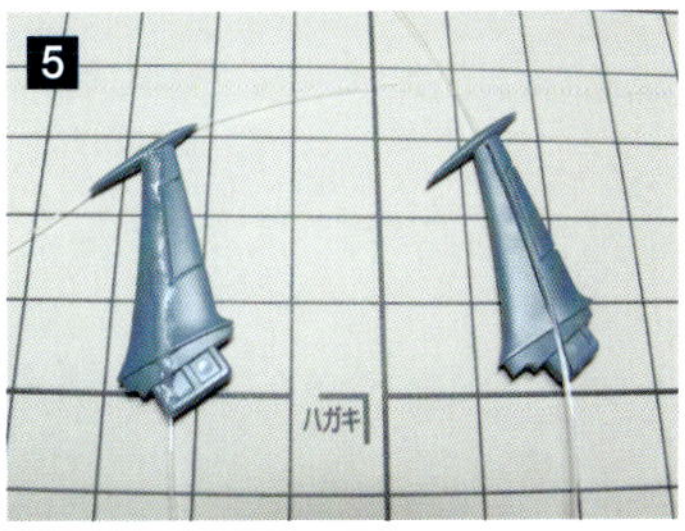

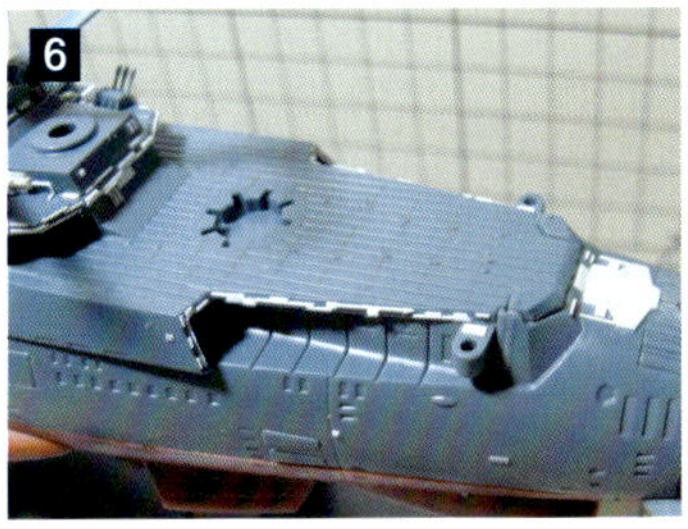

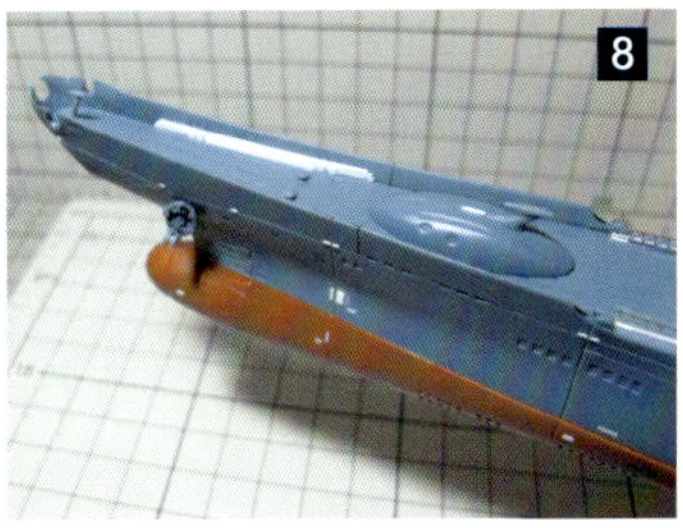

❶模型における電飾はその回路を中心に集中して内装するのではなく、発光単位で工作し電源ケーブルのみを中央に集めることで内部スペースを稼いでいる。それを末端ごとにあつめ、最終的に電源に繋ぐのがセオリー。このような大型の模型の場合、艦体のパーツ割（この場合上下）それぞれに通電箇所を決めておき、製作中はそこに通電し発光を確認しながら作業を進める。最終的に配電路をソケットで繋いで（写真中央のケーブル）ひとつの電源から通電させる。❷安定翼のフチを光らせるために船殻内側に左右それぞれLEDを設置。❸第三艦橋もアンテナ端を発光させるために光ファイバーを仕込んでいる。❹メインエンジンは中央のコーンのフチからエンジン光が漏れるような配置にLEDを配置。その後ろに尾翼の翼端灯用に赤とブルーの二本のLEDを設置している。電飾工作は、その工程ごとに発光テストを繰り返すのが基本。❺後尾翼端の発光には、0.3㎜のタガネを使って深くスジボリをし、光ファイバーを植える（写真右）。その後、光硬化パテを爪楊枝で塗布し、紫外線LEDの光を当てて硬化させる。一度に盛らず少々盛っては硬化、を繰り返す。❻甲板後部のディテールアップ部。船殻はそのままに、甲板のフチなどエッジ部分にプラ板で追加工作されているのがわかる。密度感を上げる工作の基本だ。❼❾艦橋を中心としたディテールアップは設定画に似せるための追加工作が基本。主砲基部を囲むようなディテールの追加に注目してほしい。艦橋はキットのパーツでは特徴的なディテールが再現されていない部分があるのでそれを再現してやるとグッとヤマトらしい顔つきになる。先頭三本のアンテナはメカコレシリーズからパーツを流用した。❽艦首まわりもパネルラインにそってディテールを追加。これによって印象はかわらず、ディテールの密度だけが増加する

が来る位置にLEDを設置し、翼、ならびに差し替えパーツに仕込んだ光ファイバー先端が胴体に差し込んだときに触れるようにしてあげます。

電飾が終わったら設定画を眺めつつ、船体に抜けているディテールを追加しておきました。船体についてはまずは波動砲のフタです。今回はイスカンダルからの〝帰りヤマト〟なので波動砲の電飾は行ないません。フタと波動砲の透明パーツ裏側にネオジムを埋めただけです。フェアリーダーは厚めの整形なので薄く削り落とし内側に設定画にあるディティールを追加、格子状の部分は切取り艦船用のエッチングパーツに置き換えました。船体両舷の展望室を真ん中の窓のみ裏側から削りこみLEDで透かして光るようにし、上下のシャッター状のディテールをプラ板で再現しました。また船体（とくに艦橋周辺）にはプラバンの細切や艦船流用パーツを使いディティールを追加しました。甲板ですが設定画を見ると紫色に点々と光っているところがあるので0・25㎜の光ファイバーを植えました。

塗装ですがガイアノーツのサーフェイサーエヴォ ブラックで全体を覆い、そこから濃いグレー、薄いグレーとマホガニーを換気扇のフィルター越しに吹き付けてムラのある下地を作りました。そうしてからGSIクレオスの「宇宙戦艦ヤマト2199カラーセットCS890」をそのまま塗装です。ウェザリングはボックスアートがとても素敵なのでこれをイメージして施しています。スミ入れをしてから縦に流れる汚れについては手書きはせずにフィルターで縦目が付くものを用意し、エアブラシで黒に多少ブラウンを入れた色をフィルター越しに吹いて表現してみました。白っぽくなっている所はパステルの白を指で擦りつけています。最後に全体にツヤ消しクリアを吹いてフィニッシュ。

主翼が付いたヤマトもまたカッコいいです。すでにヤマトを製作したことのある方も波動砲のフタを付けることで地球に帰還したヤマトをイメージし、改めて製作してみてはいかがでしょうか。■

INPERIAL GATLANTIS
NAZCA CLASS
ASTRO STRIKE CARRIER
KISKA

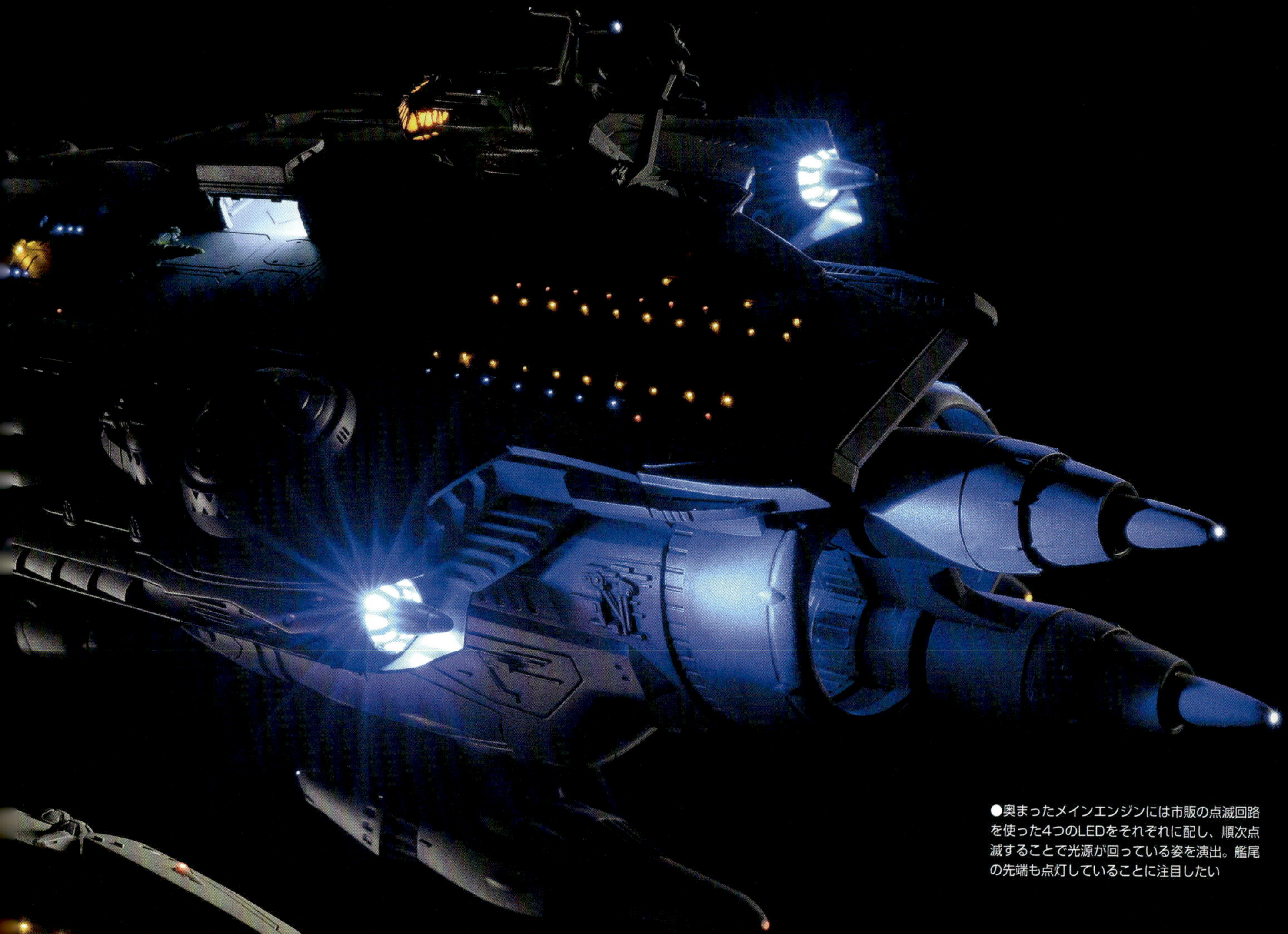

●奥まったメインエンジンには市販の点滅回路を使った4つのLEDをそれぞれに配し、順次点滅することで光源が回っている姿を演出。艦尾の先端も点灯していることに注目したい

●エンジン光や格納庫の天井などLEDを配置したほかに、光ファイバーを多用し、触覚型のアンテナの先頭や艦体の各部を発光させている。待機している艦載機のエンジンも発光している

●サブエンジンと思われる後部左右のノズルは劇中では発光が確認できないが、模型的見栄えを優先して高輝度のLEDを使用して光らせている

帝星ガトランティス ナスカ級打撃型航宙母艦〈キスカ〉
バンダイ 1/1000
出典／『宇宙戦艦ヤマト2199　星巡る方舟』
インジェクションプラスチックキット
発売中　税込7344円
問バンダイ静岡相談センター
☎054-208-7520
製作・文／**高橋卓也**

帝星ガトランティス ナスカ級打撃型航宙母艦
キスカ

イスカンダルからの帰路、ヤマトを襲ったガトランティス マゼラン遠征軍の中核を担ったのがナスカ級打撃型航宙母艦〈キスカ〉である。小マゼラン銀河外縁部でドメル艦隊と交戦していたガトランティス軍にも配備されていたその艦は、“打撃型”といわれるだけあり、非常に重武装なのが特徴である

■ナスカ級打撃型航宙母艦〈キスカ〉
全長 334m
全幅 不明
主機 不明
乗員 不明
武装
主砲（八連装速射輪胴砲塔）×3
副砲（二連装速射砲塔）×2
対空砲（八連装高射輪胴砲塔）×18
ミサイル発射管×8
魚雷発射管×2
艦載機数：24機
艦載機：甲殻攻撃機 デスバテーター
艦長：イスラ・パラカス

●格納庫は上シャッターがガルウィングのように開き、下部がシャッターのように巻き上がる構造。作例では開口したままとした。タキシング中の艦載機のエンジン光が光っているのに注目

“打撃型空母”である理由

文／廣田恵介

ナスカ級は24機の艦載機のほか、飛行甲板周囲に多数の火器を有する“打撃型航宙母艦”である。八連装速射輪胴砲塔を主砲として、3基搭載。副砲として二連装速射砲塔を2基、さらに八連装高射輪胴砲塔を18基、ミサイル発射管8門、魚雷発射管2門を備える。この火力の厚さが“打撃型”たる由縁である。艦載機デスバテーターは全長16.2m、速射輪胴銃塔や機関銃のほか、対艦用大型ミサイルを装備可能な甲殻攻撃機である。

ナスカ級空母は、帝星ガトランティス航宙兵力の中核を成す。大マゼラン外洋に進出したグタバ遠征軍においても、その前衛打撃群はナスカ級キスカを中心とした機動部隊であった。機動部隊はキスカのほか、ラスコー級突撃型巡洋艦2隻、ククルカン級襲撃型駆逐艦2隻の計5隻で編成されていた。キスカは艦載機デスバテーターを発艦させて地球国連宇宙軍ヤマトにダメージを与え、その位置をグダバ遠征軍本隊に報告。旗艦メガルーダをはじめとする全部隊を呼び寄せる功績を成した。だが、転舵したヤマトを追撃したキスカの艦載機は魚雷および爆雷によって、その多くが撃墜されてしまった。

その後、ヤマト=ガミラス連合艦隊を前にしたグタバ遠征軍本隊からの合流指示を受けたキスカ隊は交戦ポイントへ進路をとる。だがその直後、ヤマトから発艦した攻撃部隊の奇襲を受けた。ほぼ同時に、グタバ遠征軍本隊の旗艦メガルーダは独断で戦線を離脱、混乱に陥ったキスカはついにすべての艦載機を喪失してしまう。さらにヤマト攻撃部隊の助太刀に入ったガミラス機ツヴァルケによって直上から飛行甲板および格納庫をミサイル攻撃され、攻撃能力を奪われてしまった。撃沈こそまぬがれたものの、指揮系統の混乱によって予期せぬ損失をこうむった悲運の航宙母艦である。なお、攻撃能力を完全に失う直前、敵機ツヴァルケを撃墜して“打撃型航宙母艦”の意地を見せつけたことを特筆しておきたい。

●劇中で艶やかに光る艦体上部構造上面前縁部の発光部位はキットのパーツを活かし、裏面に3㎜オレンジLEDを組み込む。先端の触覚型アンテナの先端は誘導灯の延長との解釈から飛行甲板区画の誘導灯と同じ色で発光させている

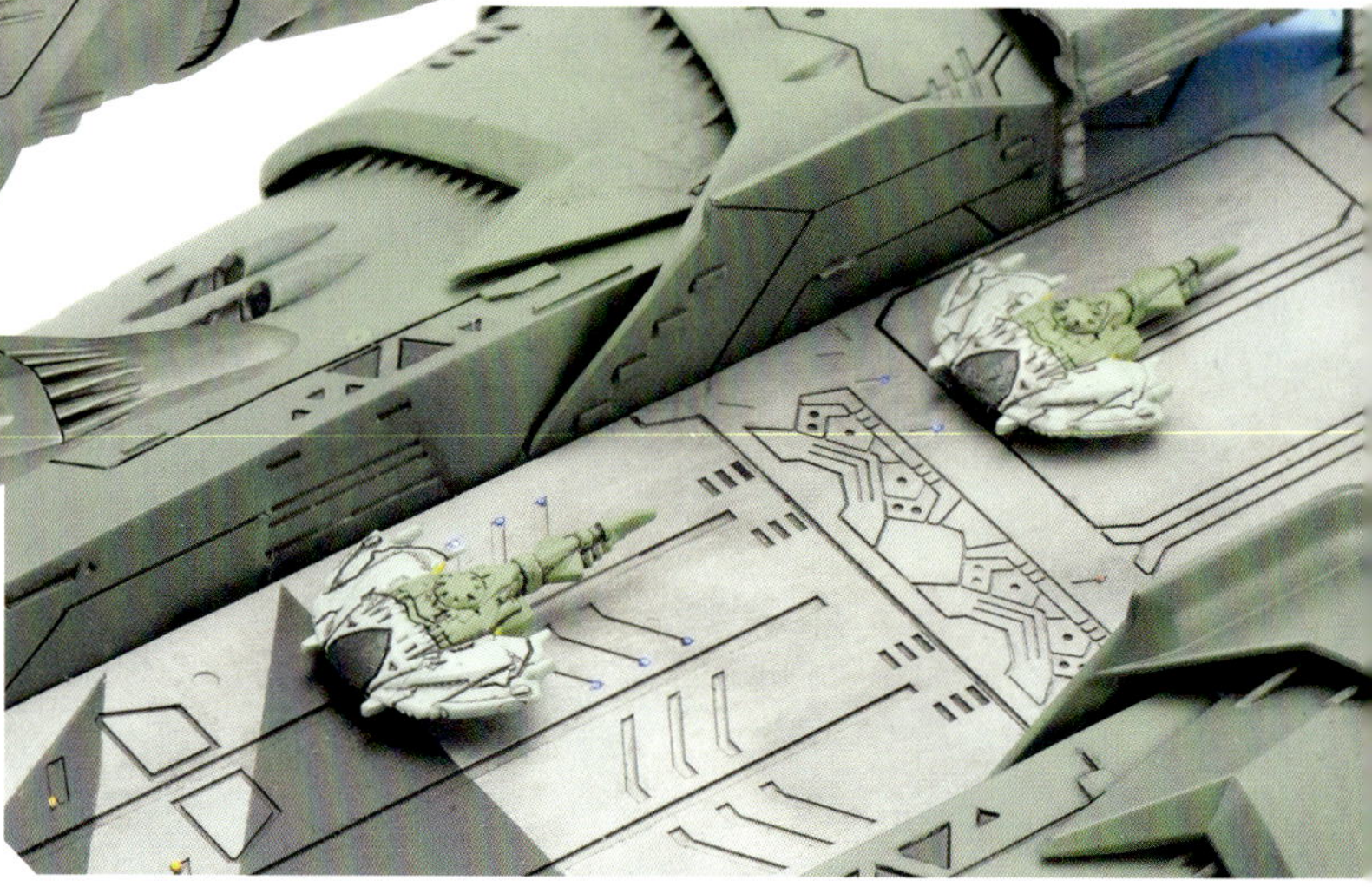

●付属の艦載機、デスバテーターは2cmに満たない微細な作りだが、エッジを整えてやることでよりシャープに仕上がる。面相筆などを柄っててていねいにスミ入れをするとモールドが引き立つ

帝星ガトランティス ナスカ級打撃型航宙母艦

キスカ

映画『宇宙戦艦ヤマト2199 星巡る方舟』からの1/1000シリーズプラモデルキット第一弾は、ナスカ級キスカ。リファインされたことによって、より美しさが増した新しい艦体は、模型でも見事に再現されている。ここでは巨大感を出しつつも清潔感のある仕上がりを目指すことにした。

INPERIAL GATLANTISNAZCA CLASS ASTRO STRIKE CARRIER

KISKA

●30㎝を超える大型モデルだが、塗装のほか、細部の作り込みと、ディテールのエッジをシャープに仕上げることで細密感を高めており、間延びした印象を受けない

●艦底側からのビューも美しいのがこの船の特徴。特徴的なモールドはすべてタガネでスジ彫りしなおしてシャープに仕上げている

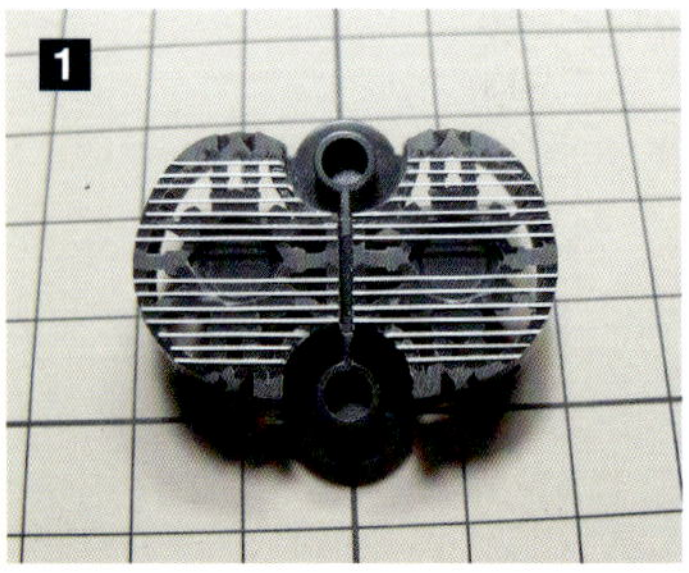

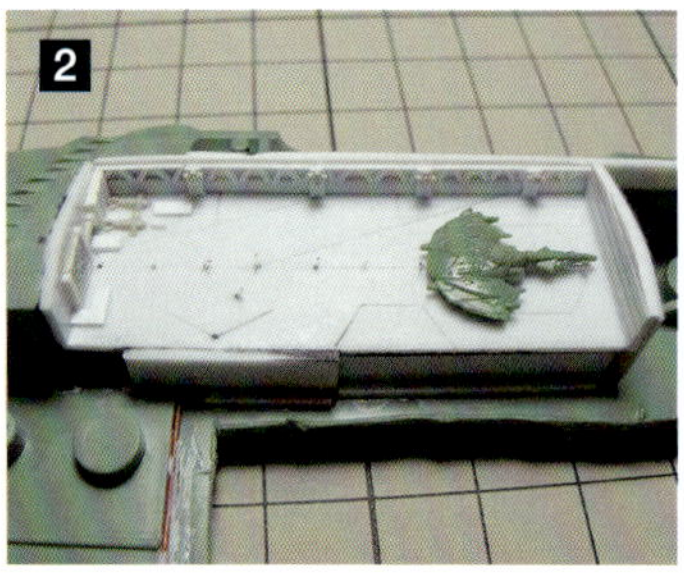

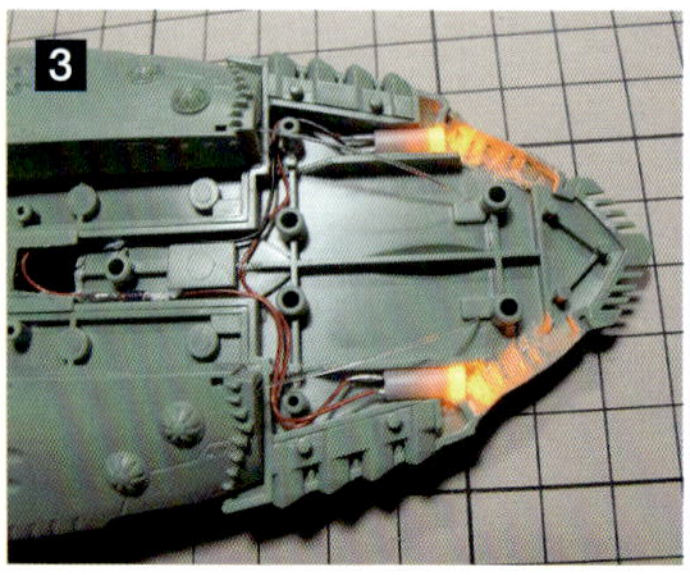

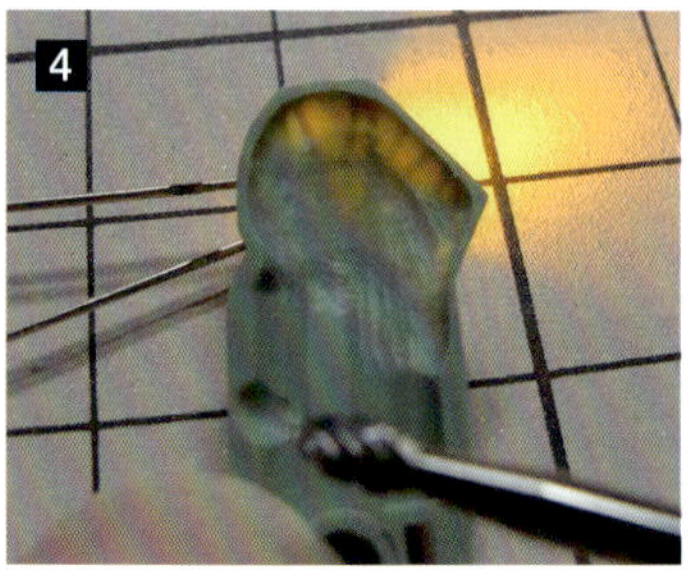

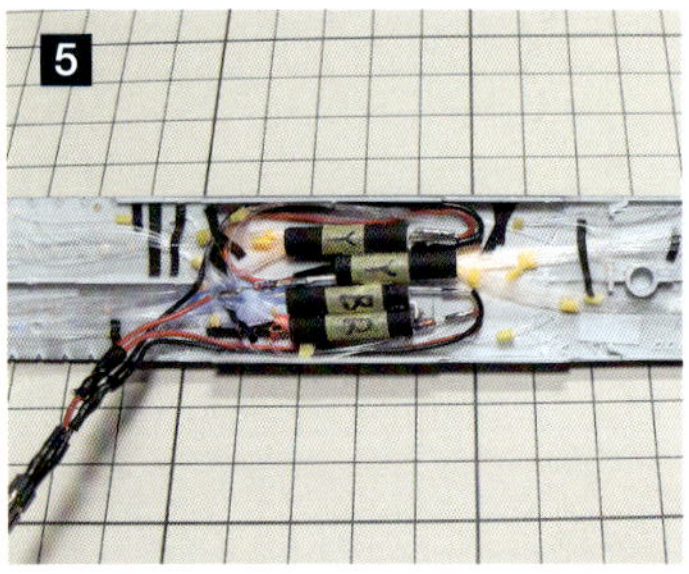

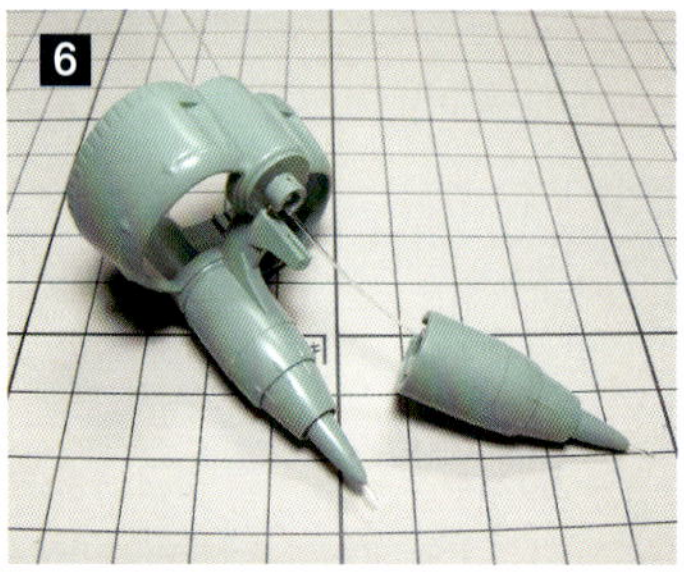

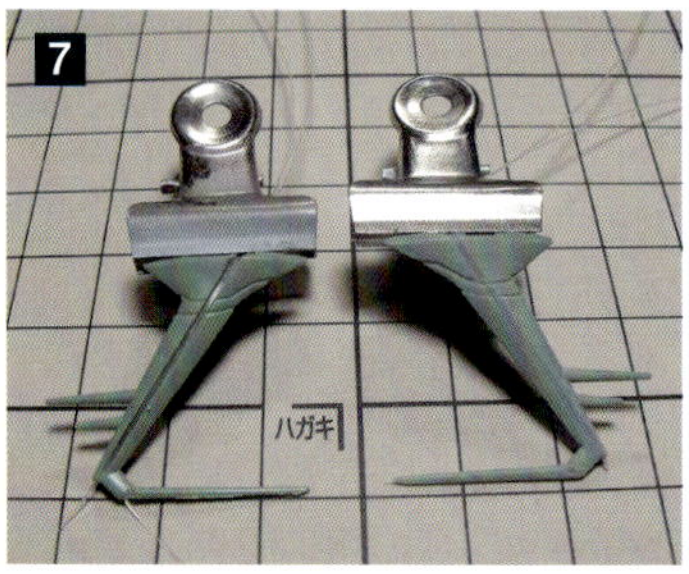

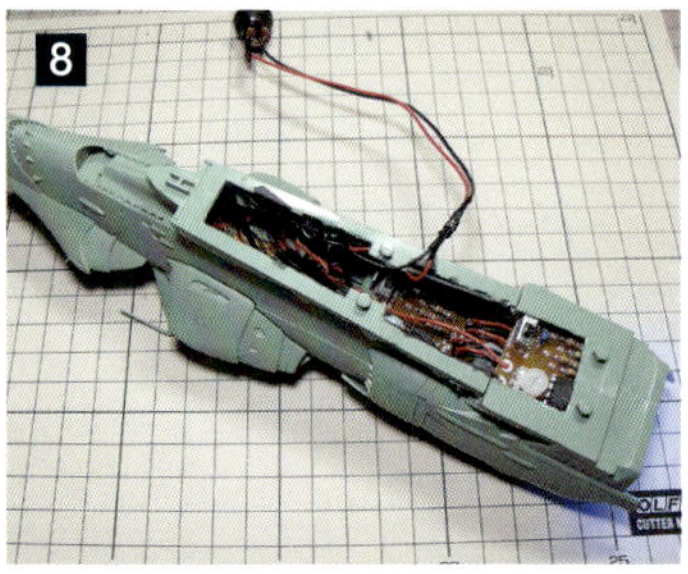

❶エンジンに電飾を仕込む際、内部のLEDが直接見えるのを避けるため、プラ板を使ってスリット上のモールドを内部に追加する。❷船体内部の干渉する部分を切り取ってプラ板で格納庫を再現する。壁面や床のディテールもそれらしく製作しておき、庫内にはデスバテーターを一機配置する。❸艦前方の格子状の透明パーツは奥を削ってLEDを収めるスペースを作り、オレンジ色の3㎜LEDをそれぞれに配置した。回路に必要なCRDが配線の途中に挟んである点や、光ファイバーの取り回しにも注目。❹細微な艦橋などの窓は、貫通させず、パーツを薄く削ることで発光が可能。裏側からリューターで慎重に削り込むが、LED光を当てて確認しながら作業すると失敗が少ない。❺甲板パーツ中央の裏には前方用の黄、後方用の黄、青、赤のLEDを配置した。ここでそれぞれを筒状に遮光し、光ファイバーの採光場所とした。黄色い帯は光ファイバーをまとめて捌くために細切りにしたマスキングテープを使っているもの。黒オビはそれをパーツに軽く固定するための黒テープの細切り。❻艦尾の突起部の先端も発光させるために光ファイバーを仕込む。ここは前後に光ファイバーを長く取って固定しておき、組み上げて仕上げてからトリミングする。❼艦の周囲に数多く配置される突起状のディテールもその先端を発光させる。写真左がパーツに0.3㎜の溝を彫り、光ファイバーを埋め込んだ状態。写真右が光硬化パテで表面を埋めて整形、ディテールを彫り直したもの。❽船体下部のスペースに収まるサイズに市販の点滅回路の基板をトリミングする。下部には電源をとる支柱の受けも組み込むスペースが必要になるため基板を入れ込んだ状態で仮組みを繰り返す。❾艦体も大きく上下に分かれているので、それぞれにLEDや点滅回路を設置して作業を進める。電源もそれぞれにとりまわして各ユニットごとに発光テストも繰り返したのち、最終的に模型の船体を組み立て、接着する際に電源回路を一本化する。その手順も予め決めてから作業する

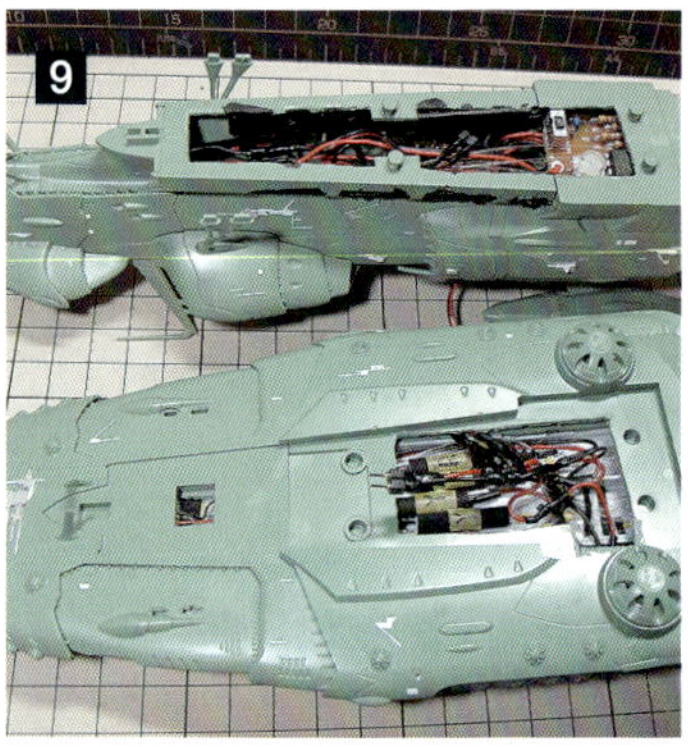

多層構造艦なりの電飾回路の組み込み方

ナスカ級打撃型航宙母艦キスカは『宇宙戦艦ヤマト2199 星巡る方舟』で新たにリファインされ設定全長こそ小さくなりましたが、それでもバンダイから発売された1／1000サイズの模型が完成したときの全長は350㎜と迫力あるキットとなりました。これを電飾満載のプロップ風味を付け足した〝SF宇宙空母〟を目指して製作します。

特徴的な艦首の複眼のような発光部のほかに、甲板の誘導灯、そしてクルクルと回るように発光するエンジンも再現したいと思います。

まずは艦橋窓ですが、窓枠は小さすぎて透明パーツもはめることができませんので、くり抜かず、裏からパーツを薄く削り、透かして発光するようにします。実際に使うオレンジ色のLEDを使って作業中は時折透かしてチェックしながら作業を進めるとくり抜いたり、不均等に削れるようなミスを防ぐことができます。LEDの組み込みも艦橋パーツ内にスペースが少ないので慎重に。艦首の複眼のような発光部は透明パーツがあるのでその裏側をヤスリで傷を付け、ボディ側を銀色で塗り散光の手助けをします。

甲板誘導灯は0・3㎜のドリルで穴を開け、0・25㎜の光ファイバーを植えることで再現するのですが、これが画一に並んでいないと恰好悪いです。今回は甲板パーツの裏側の梁をガイドに均一に開けることができましたが、必要であれば治具を使います。また光ファイバーを植えるのに邪魔なので表面のモールドは削ってしまいます。甲板には矢印のような黒の模様もありますがデカールは使わず塗装で再現しました。

メインエンジンに電飾を仕込むのですが、キットのままではパーツの構造的な問題で若干加工しないとLEDを組み込むスペースが確保できません。そこでエンジンパーツ後端をディテールが残る位置でいちど切り落とすことにしました。仕込んだあとに再度接着し、必要なディテールはプラ材などで再現してやることにしました。仕込んだLEDは市販のもので、4つのLEDが

INPERIAL GATLANTISNAZCA CLASS ASTRO STRIKE CARRIER

KISKA

●複雑な構造をもつ宇宙艦船の電飾には、遮光がもっとも重要な作業。「美しく光る＝光ってはいけない場所は光らせない」なので隙間やパーツ自体が透けてしまってもいけない。格納庫内などの処理がいい例だろう

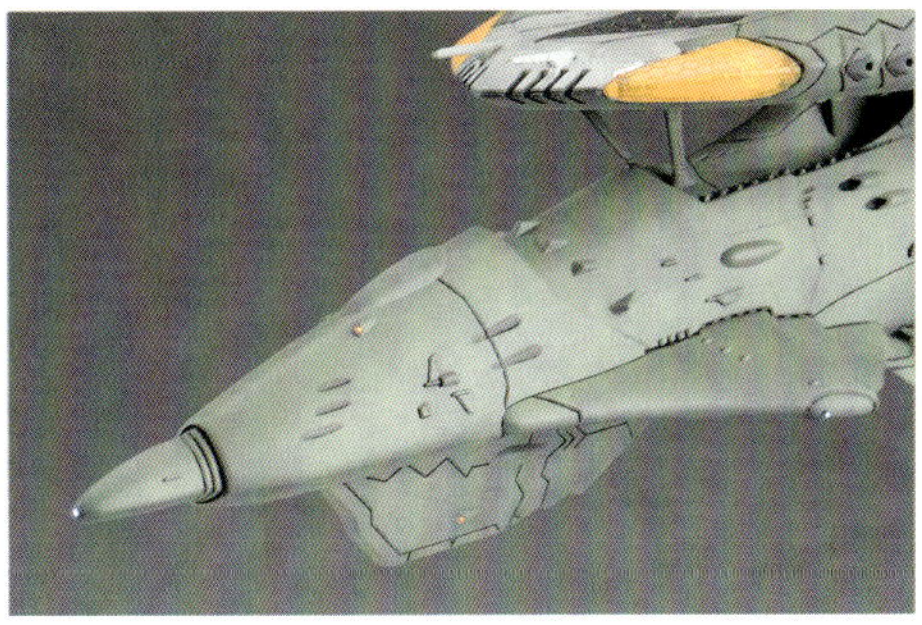

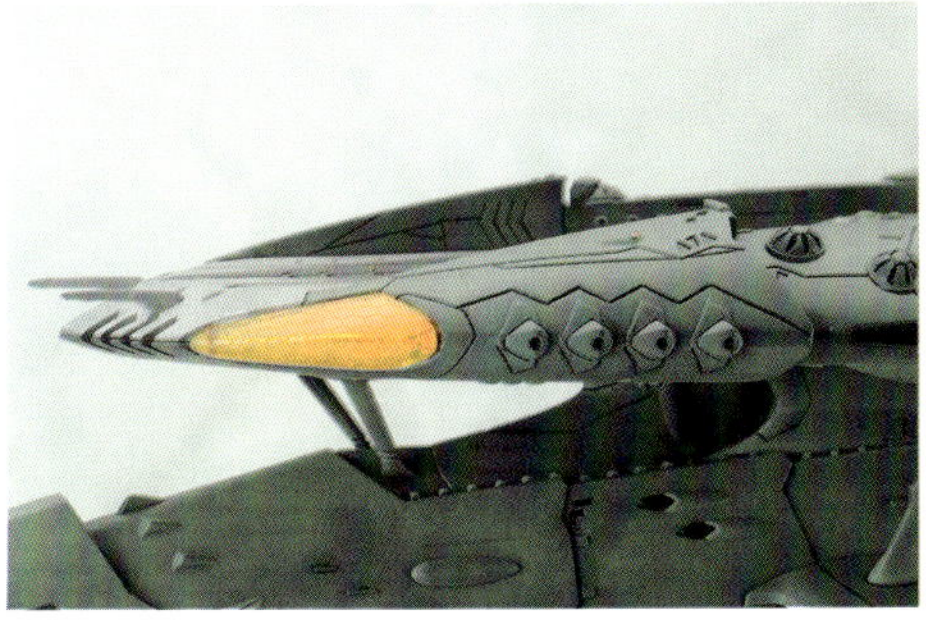

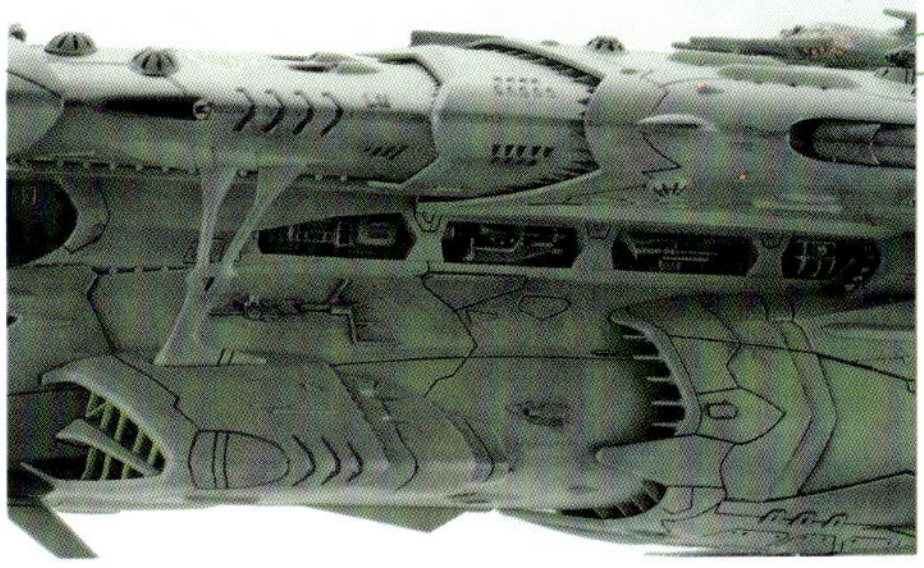

順送りで点灯して回転を表現するものです。キットのエンジン位置は若干奥まっていますので、もっと手前にＬＥＤを設置して目立たせてもいいかもしれません。

船体表面にはプラ材各種にジャンクパーツなどを使ってディテール追加。ここは設定に捕らわれないで自由に工作しています。甲板部と船体部の中間にシャッター状のディテールがありますが、ここを全部くり抜いてしまい流用パーツ（レベル製1／72Y・ウイングのエンジンパーツなど）を入れてメカが露出している状態を作ってみました。そのほか艦体から飛び出しているアンテナ状の部位などには、衝突防止灯や航行灯をイメージして光ファイバーを植えました。前方の左右斜め下に伸びているアンテナはこの艦のポイントでもあるので先端と後端の両方を光らせています。細いパーツで光ファイバーを仕込むのはかなり難儀しましたがなんとかなりました。

塗装について。ここでもガイアノーツのサーフェイサーエヴォ ブラックを吹いてから換気扇のフィルター越しにグレー系と茶系のラッカー系塗料をエアブラシで吹いて下地色としました。船体色についてはＧＳ－クレオスのＭＳグリーンをもとに黄色や緑で調色しています。甲板はＧＳ－クレオスのＭｒ．カラーＣ３１１。スミ入れのまえに一度クリアーを吹いてスミが綺麗に流れるようにしました。こうするとディテールがシャープでクッキリします。ガトランティスの艦はじつは美しいのです。ウェザリングは黄色のパステルで少しだけ退色感を出した程度です。船影のムラ感を出すために施した下地色の効果で船体色が単調になりませんので、間延びした感じにはなってないと思います。最終的に全体にツヤ消しクリアーを吹いています。

バンダイからはナスカ級キスカが発売されてしばらく経ちますが、やはりククルカン級とラスコー級は発売されないんでしょうか。もちろんメダルーサ級も発売されてほしいところ。ガトランティス艦隊が横一列に並ぶと壮観なはずです。■

GELVADES CLASS
ASTRO BATTLESHIP-CARRIER
MIRANGAL

大ガミラス帝国軍
ゲルバデス級航宙戦闘母艦
ミランガル

宇宙戦艦ヤマトシリーズで“もっとも美しい空母”とされている、いわゆる“戦闘空母”は昔から人気を誇る。その艦が『宇宙戦艦ヤマト2199　星巡る方舟』ではゲルバデス級航宙戦闘母艦〈ダロルド〉の同型艦として〈ミランガル〉〈ニルバレス〉の2隻が登場した。ここでは3色迷彩も美しい〈ミランガル〉を品よく仕上げてみた。

大ガミラス帝国軍 ゲルバデス級航宙戦闘母艦〈ミランガル〉
バンダイ 1/1000 ゲルバデス級航宙戦闘母艦〈ダロルド〉改造
出典／『宇宙戦艦ヤマト2199　星巡る方舟』
インジェクションプラスチックキット
発売中　税込4860円
㊫バンダイ静岡相談センター
☎054-208-7520

製作・文／**ROKUGEN**

ヤマトと共闘した特務艦

文／廣田恵介

　ゲルバデス級航宙戦闘母艦は大ガミラス帝星の保有する戦闘宙母で、遮蔽式砲戦甲板を大きな特徴とする。砲戦甲板は艦上部に並列配置されており、艦載機を発進させた後に回転して砲塔を備えた面を露出させる。艦底部にも同様の機構を持つ小型の砲戦甲板を有する。艦上部の砲戦甲板には280㎜三連装陽電子ビーム砲を計2基、133㎜三連装陽電子ビーム砲を計4基、艦底部砲戦甲板には133㎜三連装陽電子ビーム砲を計4基有する。砲戦甲板以外にも三連装陽電子カノン砲を装備、高い火力を誇る。攻撃機を運用できるだけでなく単艦での長期航行が可能なため、特殊任務に就くことが多い。

　ガミラス第8警務艦隊には二隻のゲルバデス級が配備されていた。旗艦ミランガルとニルバレスである。第8警務艦隊はガイペロン級多層式航宙母艦ランベアに停船を指示、艦隊司令のネレディア・リッケ大佐が地球国連宇宙軍ヤマトへの攻撃中止命令を伝えた。だが、第8警務艦隊は古代アケーリアス文明の遺した天体型宇宙船シャンブロウに漂着、帝星ガトランティスのグタバ遠征軍に包囲され、図らずもヤマトと共闘することになった。その際、旗艦ミランガルにはランベアの艦長代理フォムト・バーガー少佐が乗艦して指揮をとった。空間格闘戦闘機DWG262 ツヴァルケを全機発進させた後、ミランガルは砲戦甲板を回転させて戦闘態勢に移行。ヤマトと並んでガトランティスの包囲網を突破するため砲撃戦に入る。座礁したランベアの救助をヤマトに依頼したバーガー少佐は数隻の残存艦艇を率いて戦闘を継続。航行不能に陥るまで自らの手でミランガルを操舵し、かろうじて生還を果たした。

■ゲルバデス級航宙戦闘空母〈ミランガル〉
全長 390m
全幅 67m
乗員 不明
武装
主砲：280㎜三連装陽電子カノン砲塔×4
副砲：133㎜三連装陽電子カノン砲塔×4
六連装ミサイル発射機×2
隠蔽式上部砲戦甲板
　280㎜三連装陽電子ビーム砲塔×2
　133㎜三連装陽電子ビーム砲塔×4
　対空レーザー砲×32
隠蔽式下部砲戦甲板
　133㎜三連装陽電子ビーム砲塔×4
艦長：ネレディア・リッケ

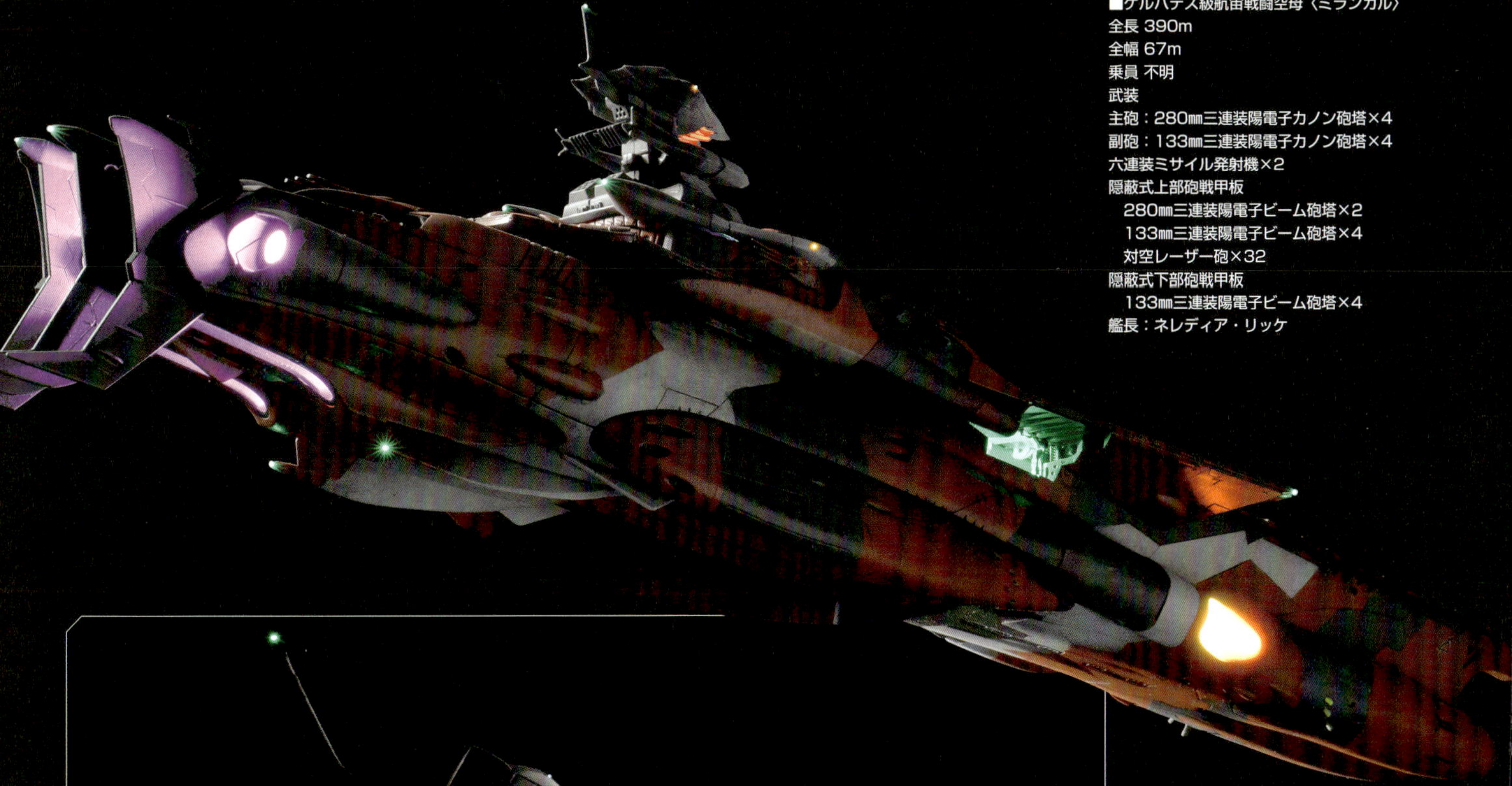

GELV
ASTR

●本艦の特徴である全通甲板はパーツの差し替えにより再現。後部主砲もネオジム磁石を使用することで取り外しを可能としている

●エンジンには輝度の高いピンク色の3㎜LEDを一灯ずつ、計6本搭載し、発光させている。艦尾部分の各先端も光ファイバーで点灯

大ガミラス帝国軍
ゲルバデス級航宙戦闘空母
ミランガル

●甲板の隠遁式上部甲板はパーツの差し替えで滑走路となるが、艦底部にも隠蔽式の砲塔が準備されており、作例ではこちらもパーツの差し替えで再現することが可能だ

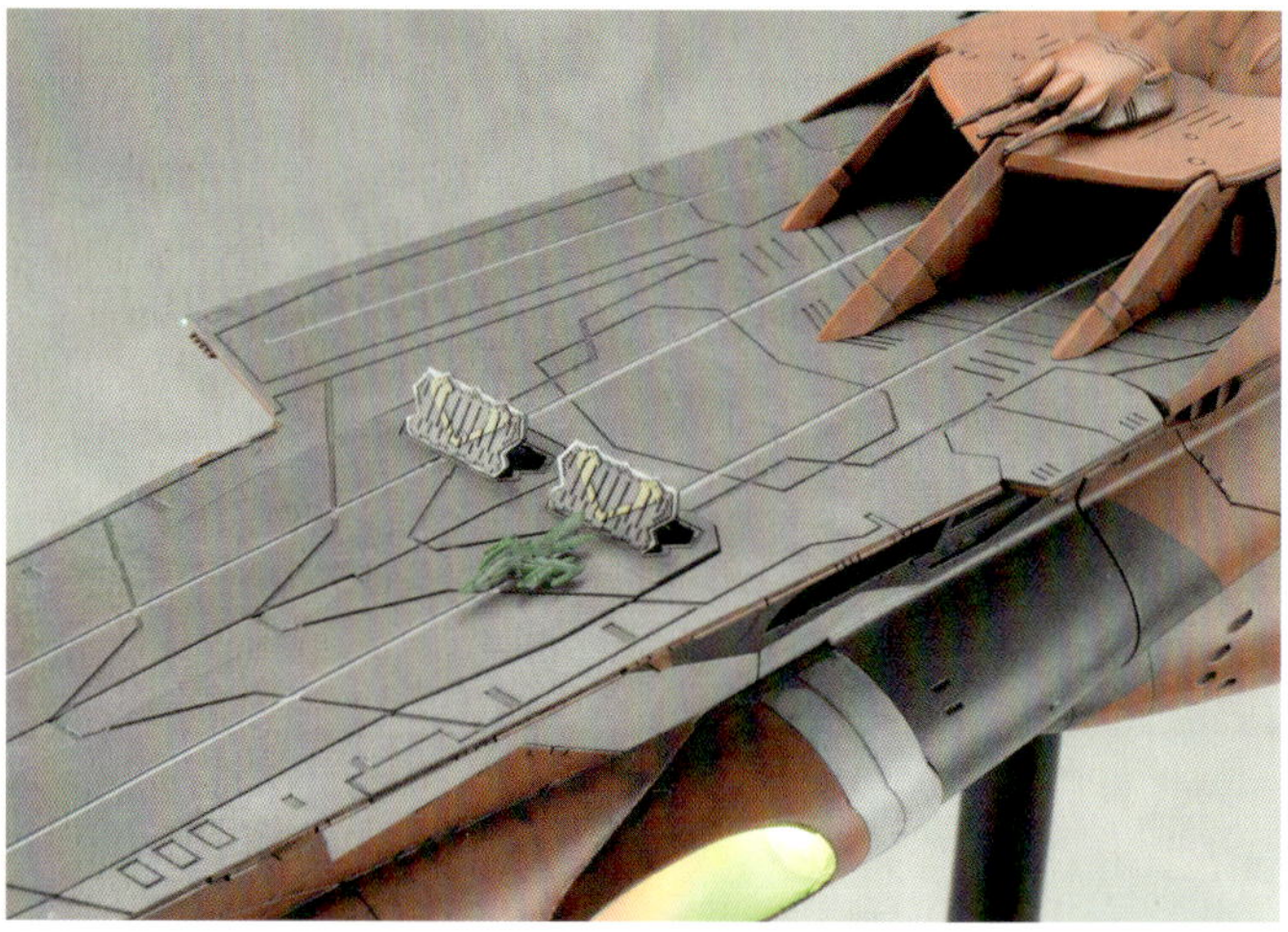

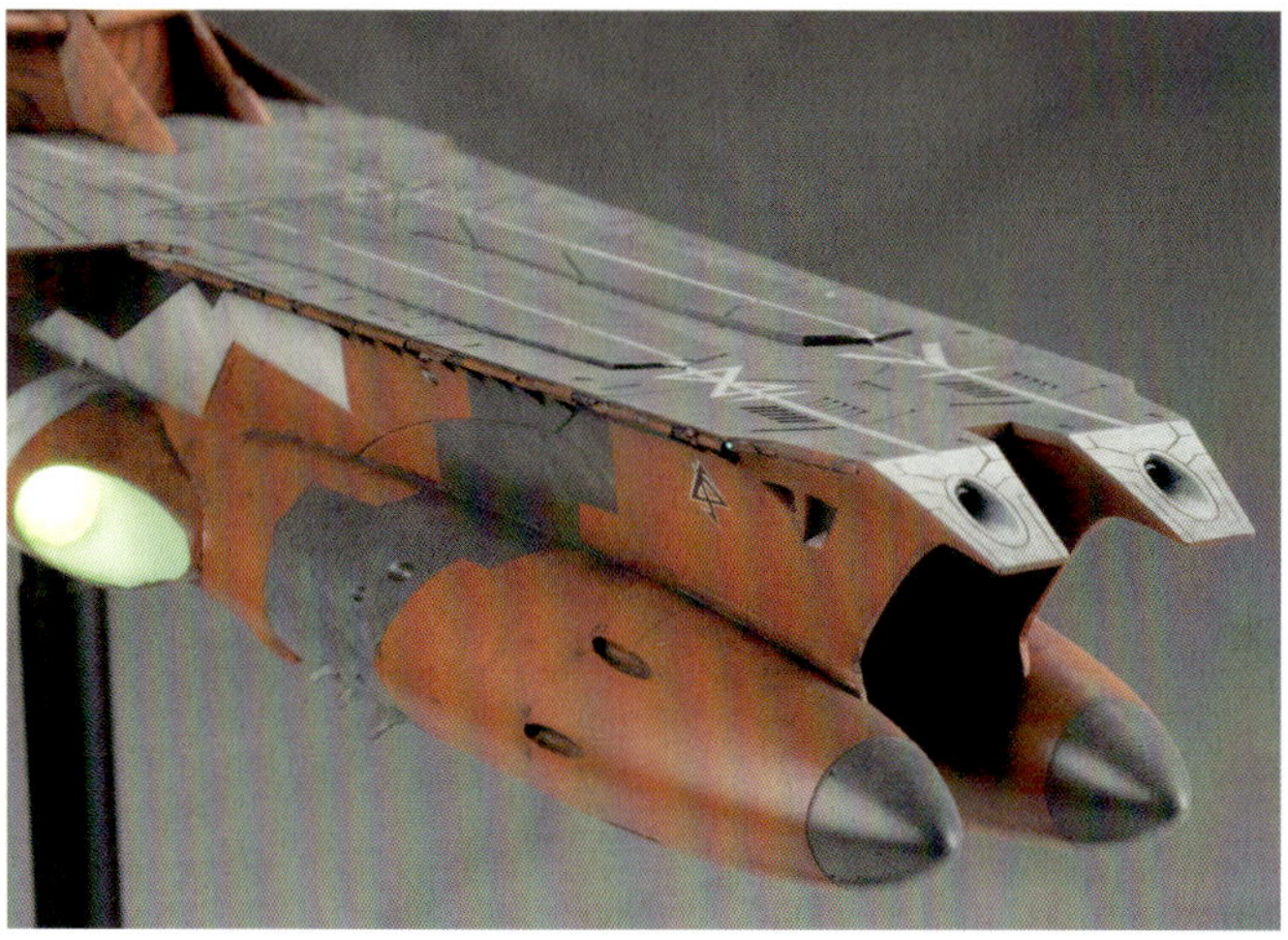

GELVADES CLASS ASTRO BATTLESHIP-CARRIER

MIRANGAL

●格納庫のシャッター部のパーツを取り外すことで全通甲板を再現できる

“ガミラス目”の色が変わる!

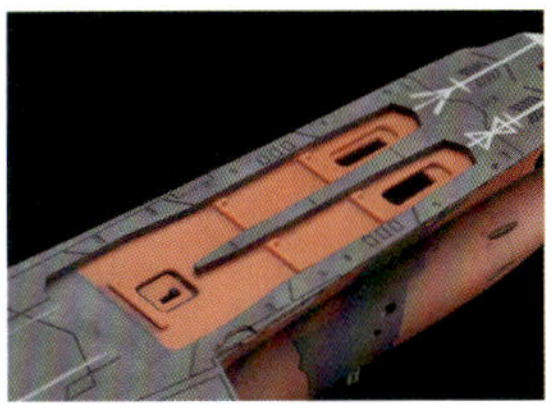

●巡航時はグリーン系、戦闘時にはオレンジ系に色が変化するガミラス艦の発光部。通称“ガミラス目”だが、ここでは複数のLEDのセットを仕込み、スイッチで切り替えることでここの色を切り替える工作をほどこしている。切り替えスイッチは艦体上面の回転式の甲板砲塔（差し替え式）をはずした内部に設置。ここを操作して色を変色させている

今回は劇場映画『宇宙戦艦ヤマト2199 星巡る方舟』に登場のゲルバデス級航宙戦闘母艦〈ミランガル〉を製作しました。三色迷彩が特徴のこの艦は、劇中では登場回数も多く、本編では見ることができなかった装甲シャッターのオープン状態や、艦載機ツヴァルケの発進シーン、後方甲板の誘導灯の点滅など魅力が満載です。劇中のような魅力的なミランガルを目指して製作します。

◆追加工作

艦橋は透明ではないため、発光させたい部分を4枚のフィンごと削り取り、CDケースを切り出してそこに埋め込みました。窓フレームは伸ばしランナーで作り直して、フィンもプラ板で復元、内部にLEDを埋め込んでいます。ミランガルの艦橋は赤色に発光するチャームポイントのひとつです。

全通式甲板は艦橋部分パーツの取り外しにより、装甲シャッターの着脱を可能にして内部壁面を追加工作。甲板下の格納庫も大型昇降甲板に合わせて広げ、上部同様壁面を追加工作。設定資料、劇中の画像からガミラスメカの風合いに仕上げてみました。床をクリアー塗装することで格納庫のLED光の拡散の助けになるようにしています。

ミランガルの甲板には艦載機発進時のブラストディフレクターが搭載されていますが、キットにはありません。ディテールが満載のパーツなので『ガイペロン級多層式航宙母艦〈シュデルグ〉』のキットから移植しました。劇中で確認できるそのサイズよりも少し大きめですが、よい感じです。

後部甲板の主砲は格納できる設定になっていますが、ここはマグネットを利用して主砲を着脱可能にし、ランベアと並んだシーンでの垂直離着陸艇の誘導灯を光ファイバーで再現しています。

ガミラス目は奥の部分のみクリアーパーツになっていますが、全体を発光させたいので、0.5㎜透明プラ板をヒートプレス。蛍光塗料で黄緑色を塗装し、LED光を透過するようにして、裏側から赤色・オレンジ色・白色（キットクリアーパーツの裏）

GELVADES CLASS ASTRO BATTLESHIP-CARRIER

MIRANGAL

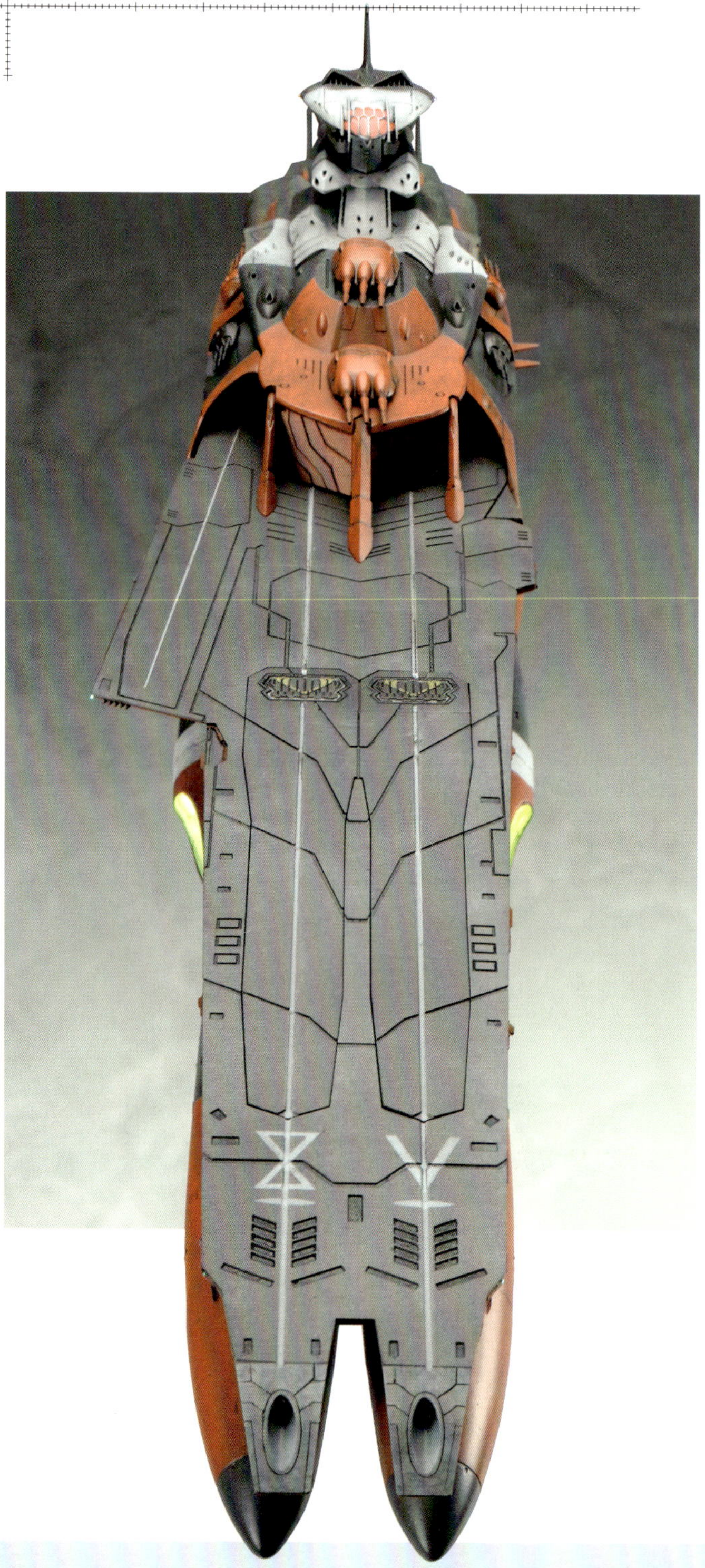

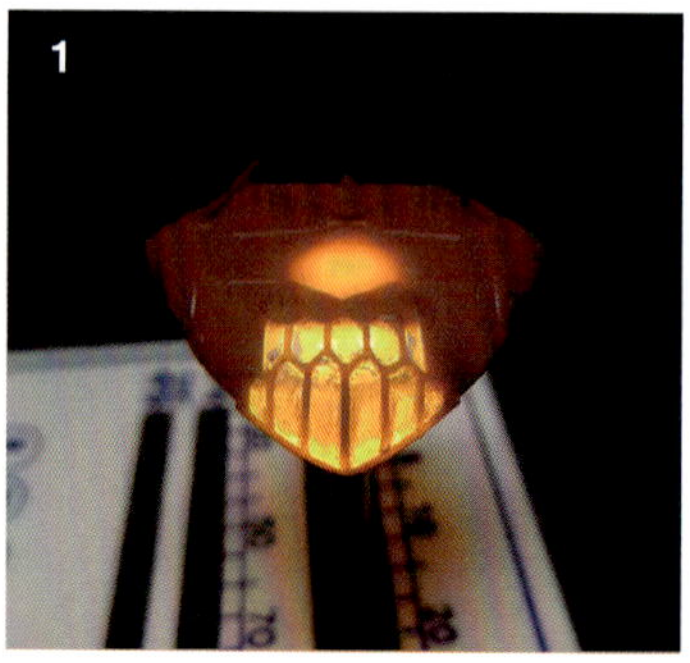

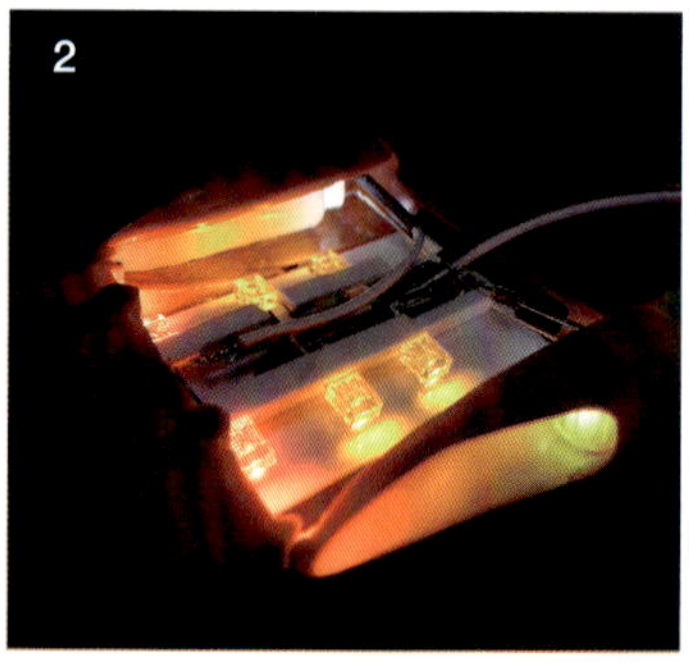

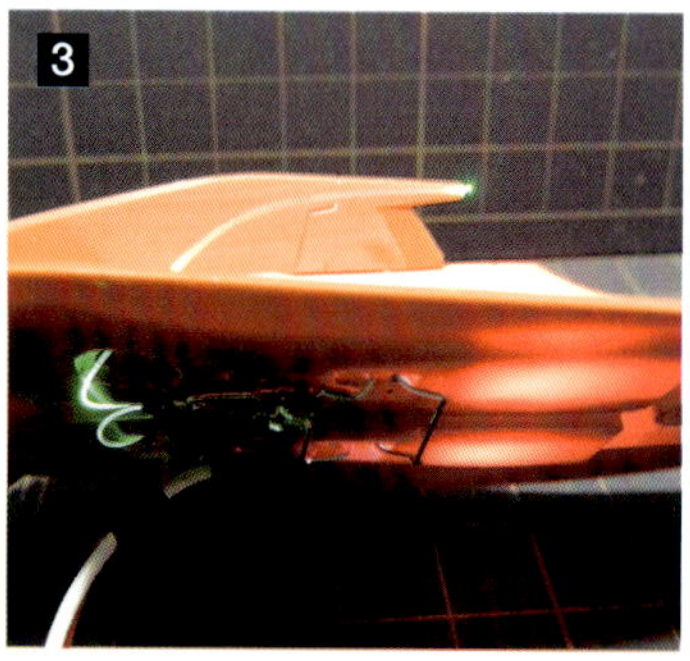

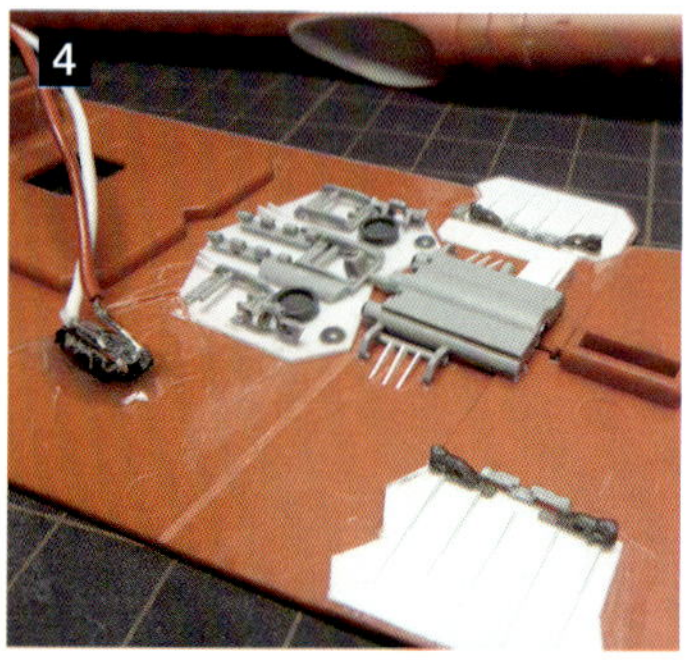

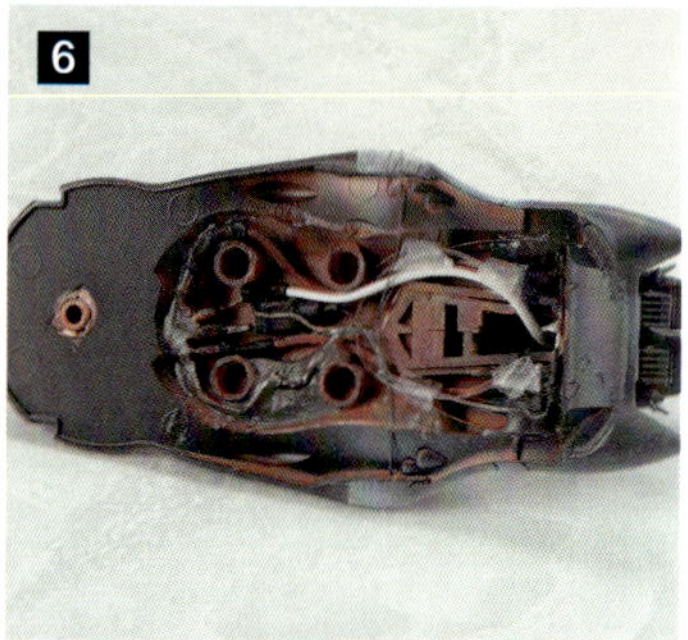

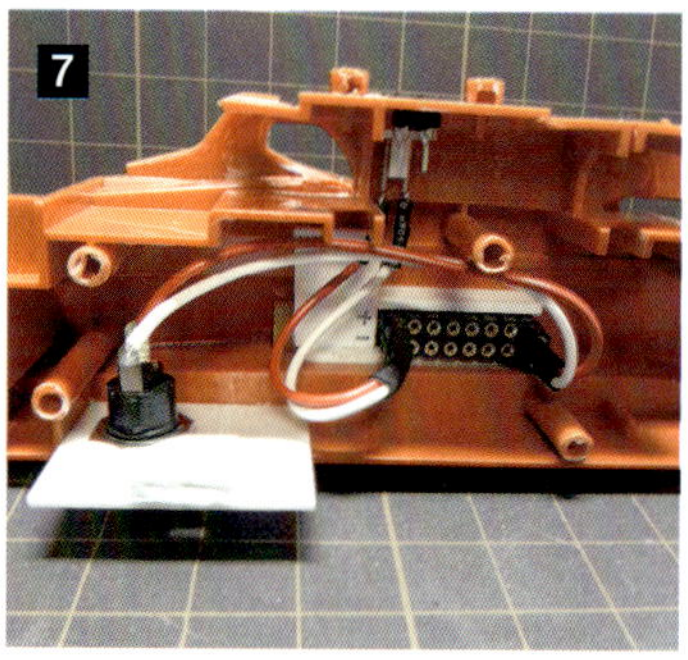

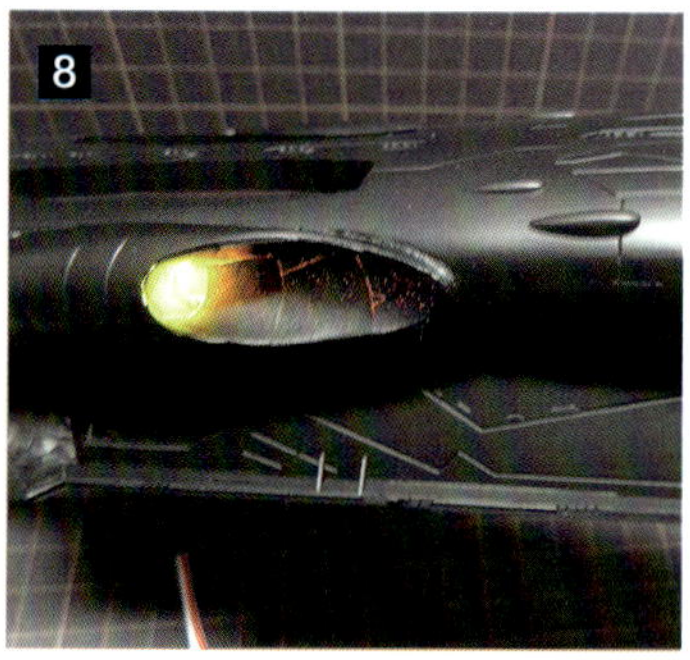

1艦橋は薄く加工は難しいが、パーツ内部をくり抜きLEDを設置。窓パーツを裏側から薄く削ることで発光させてることしにした。2両舷にある発光部にはLEDを仕込んで発光させるが、透明パーツ部にLEDが近すぎるとスポッティングが発生し、表面の光り方にムラが発生する。それを防ぐために、発光面からLEDの設置位置まである程度距離を置いている。3艦体から生えるフィンの先端を点灯させるために、フィンに溝を彫って光ファイバーを植えている。艦体内部にLEDを設置し、そこから採光している。45甲板下には艦載機の格納庫をスクラッチビルド。流用パーツやプラ板を使ってディテールアップを施。奥まった位置にLEDでグリーンの室内灯を設置することで、完成後はこれらのディテールが見事な陰を生む。67艦船模型の電飾では、ある程度の部位で電飾工作をまとめてしまうことでトラブルを最小限に抑えることができる。その後それぞれをコネクター付きケーブルで通電させる。8下塗り時にも点灯しながら遮光の確認をする

の3色でLEDを発光させます。戦闘モードは赤色・オレンジ色・白色LEDを同時発光。巡航モードはキットクリアーパーツに当てている白色LEDのみの発光と切り替えが可能。蛍光塗料で塗装してあるので、全体が黄緑色に光っているような効果を出してくれます。各所のスジ彫りも追加、甲板側面や船体表面に切り出した小さなプラ片を貼ってディテールアップします。

◆電飾

LEDはオレンジ・緑・赤・紫・白・ピンクの6色をCRD定電流ダイオードを使用して点灯させています。光ファイバーはすべて0・25㎜径のものを使用して、0・3㎜の穴を開けて植える方法と、0・3㎜の溝を彫って埋める方法を併用しています。光ファイバーの光源元はLEDに熱収縮チューブを被せて光ファイバーをまとめています。格納庫は全体が緑色に光るように奥のほうに配置、その光源が極力見えないようにする工夫をしています。エンジンはそのままピンクLEDを使用して力強く光らせます。電飾は配線の取り回しや組上げる順番など、どうするか悩む場面も多々ありますが点灯時は毎回ドキドキします。まずはいろいろ試して感動を味わってください。

◆塗装

まずはガイアノーツのエヴォブラックで遮光。発光させ光漏れがないかを確認しつつ塗装しました。フィルター越し塗装法で、濃いグレーから明るいグレーへと下地塗装し、白→赤→濃いグレーへと順に、この艦の特徴である三色迷彩をしています。この迷彩パターンはパネルラインと違っているところもあるので手間がかかりますが、ここが見せどころですから根気よくマスキングしましょう。フォムト・バーガー風に言うなら〝こういう仕上がりなら納得できるぜ!〟なミランガルを、皆様も是非トライしてみてはいかがでしょうか。■

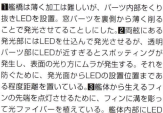

CRUSHER JOE

クラッシャージョウ

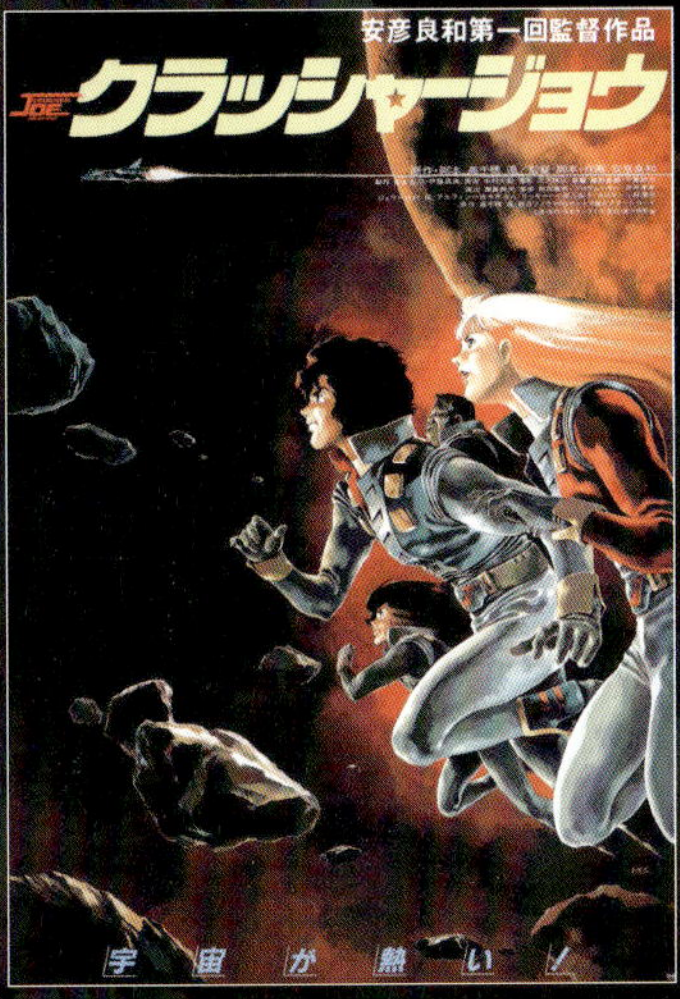

『クラッシャージョウ』
劇場公開作品／132分
1983年公開
©高千穂＆スタジオぬえ・サンライズ

高千穂遙のSF小説を原作に、挿絵を担当していた安彦良和が自ら監督となって制作した劇場用長編アニメ。劇場版『機動戦士ガンダム』三部作が終了した翌年、1983年春に公開された。安彦良和のアニメーション監督デビュー作である。

宇宙の何でも屋“クラッシャー”を営むジョウと彼のチームは、冷凍睡眠された女性をある惑星まで移送する裏仕事を引き受ける。だが、航海の途中で事件に巻き込まれ、あらぬ疑いをかけられたジョウたちは巨大な海賊組織マーフィ・パイレーツの陰謀が裏にあることを知る。

全編に渡り、河森正治によってデザインされた大小さまざまな宇宙船が画面せましと飛び回り、銃撃戦から殴り合いまで多彩なアクションに彩られた娯楽作。会話シーンのひとつひとつにも工夫と遊びが込められ、作画監督も兼任した安彦良和のアニメーター魂をたっぷり満喫できる。また、スペシャルデザインとして吾妻ひでお、高橋留美子、大友克洋、高野文子、竹宮惠子、とり・みき、鳥山明といった漫画家たちが多数参加、当時まだアニメ化されていなかった『ダーティペア』が劇中劇としてワンシーンだけ登場し、マニアを歓喜させた。

『幻魔大戦』『宇宙戦艦ヤマト 完結編』と同時期に公開され、80年代前半のアニメ映画黄金期を盛り上げた。

HEAVY CRUISER

CÓRDOBA

Amid a supposedly simple escort mission,
Joe and his crew experience a failure during their warp travel.
They wake up just to find out that the passengers are missing.
To make things worse, the United Space Forceaccuses them of committing space piracy
and Crusher HQ suspends their licenses for six months.
To clear their names, they head out to the dangerous planet of Lagol
to find the person who hired them for that particular mission.

任務に似合わぬ過剰装備

文／廣田恵介

西暦2160年代、惑星連合宇宙軍・第三特別巡視隊に配備された重巡洋艦。全長は978.7mにも及ぶ。その主兵装は艦体上部に二基、両舷に各一基、艦底に一基レイアウトされた三連装120㎝口径ブラスター砲である。副砲として50㎝口径ブラスター砲を複数、ほかに対空レーザー、ミサイルを各部に装備。非常警戒時には司令のコワルスキー大佐自らが乗艦し、コルドバが単独で商業航路を巡視していた。その主目的は、頻発する海賊行為の摘発である。ところが、“クラッシャー”と俗称される惑星改造業者の船・ミネルバを臨検したことから、同艦は惑星ラゴールに巣食うマーフィ・パイレーツの陰謀に関わることとなる。

コルドバは惑星ラゴール付近で待機していたが、ラゴール大統領からの緊急出動要請を受け、軌道ステーション・ゴモラ攻撃を開始する。その際には片舷に二基ずつ、計四基のカタパルトから八隻の小型支援艦を発艦させて艦隊を組んだ。また、敵弾をある程度まで防御するシールドを艦体に展開、完全な状態で任務に当たった。ところがマーフィの策略により支援艦のワープ機関を狂わされて僚艦を喪失。クラッシャーであるジョウからの嘆願でゴモラのドッキングポードを狙撃して、最悪の事態を回避した。その際には、主砲の精密射撃性能がものをいった。

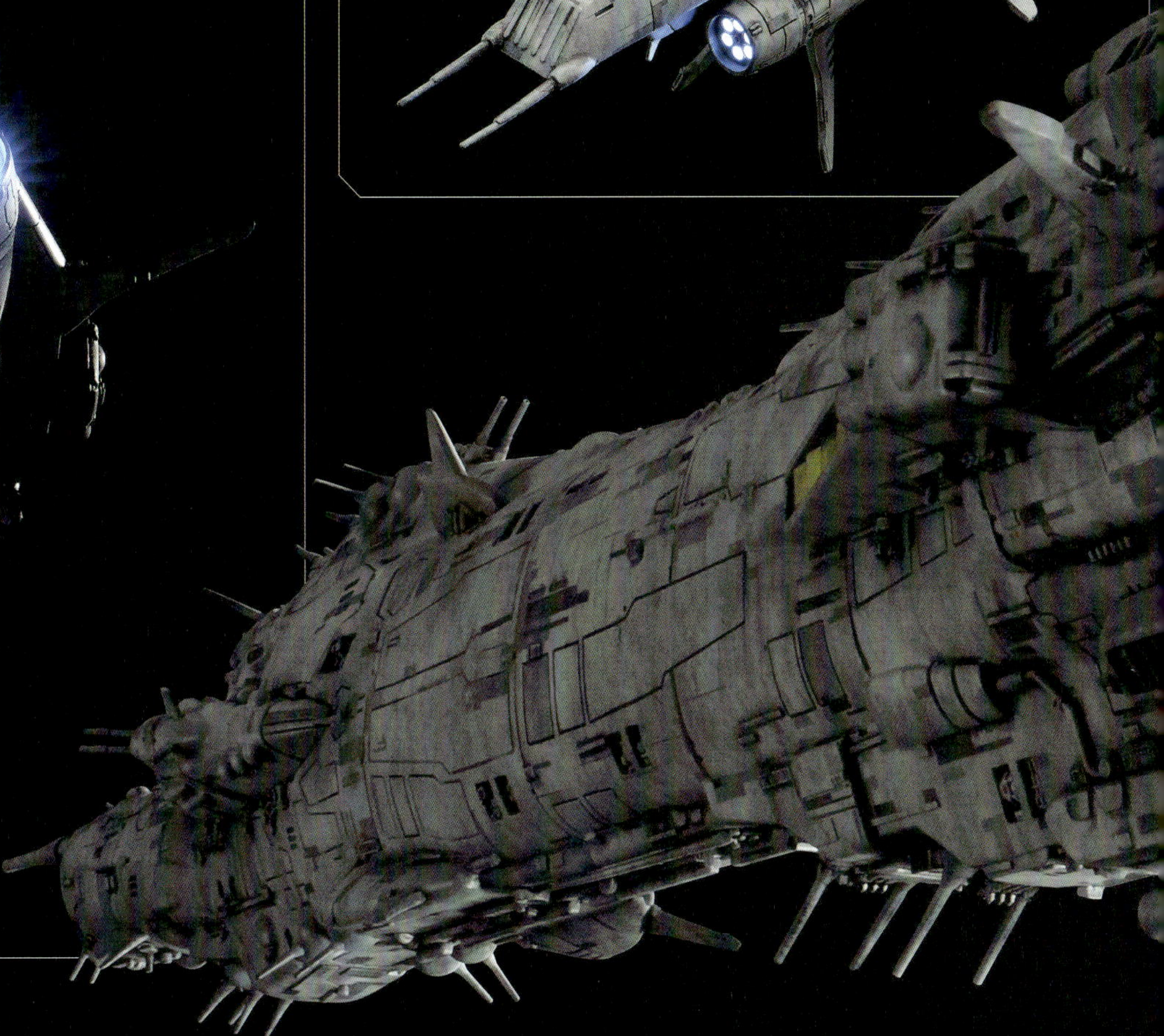

連合宇宙軍重巡洋艦コルドバ
原型製作／SOY-YA!!（ワンダーフェスティバル当日版権品）1/2400
レジンキャストキット（全長40㎝）
出典／劇場版『クラッシャージョウ』
製作・文／**竹下やすひろ**（マックスファクトリー）

連合宇宙軍重巡洋艦
コルドバ

クラッシャーチーム、そして宇宙海賊の前に圧倒的な火力を持って登場した連合宇宙軍所属の重巡洋艦コルドバは、まさにハリネズミのように全身を多数の火器で覆われた異形の宇宙戦艦だ。劇中でも放った存在感あるシルエットは立体になることでより際だった存在となった

連合宇宙軍重巡洋艦
コルドバ

レジンキャストキットでも点灯させることは可能

劇中の威嚇的な雰囲気を立体に

文／竹下やすひろ

「ブラスターだ！」タロスの叫び声が劇場に響く。そしてスクリーンに姿を現すその巨軀に身震いした30年前。グラマラスで色気に満ちたシルエット、無数の砲身、グレーを主体としたカラー、未だに大好きなスペースシップです重巡洋艦コルドバ！

作品は、日本のスペースオペラを代表する高千穂遙氏の人気ＳＦ小説の『クラッシャージョウ』シリーズから１９８３年に公開された劇場用アニメ作品。監督は、原作の表紙イラストから挿絵までを手がけていた安彦良和氏。当然キャラクター設定から作画監督、絵コンテまでを担当していると あって原作ファンとしては燃えないわけがありません。

登場するメカも非常に魅力的。とくに原作小説にも登場する連合宇宙軍の重巡洋艦コルドバはデザインが河森正治氏。凄くないわけがありません。艦体を覆った無数の砲身、そびえ立つ艦首、そして連なる主砲。これが手描きアニメで動くのかと、驚いた記憶があります。そして当然そのアニメーションシーンは日本アニメシーンにおいていまなお伝説となっております。私はここまで美しい宇宙戦艦をこれまで見たことがありませんでした。当然劇場でひと目みてしびれていた次第です。

『クラッシャージョウ』関連の立体物は当時、おもにタカラからプラモデルやメタルフィギュアとして発売されました。そのなかにはこのコルドバもラインナップされていましたが、１／３５００スケールで約28㎝サイズ。こちらも非常に雰囲気のよいキットでした。今回は、近年ガレージキットとして多くの宇宙艦船を製作されているアマチュアディーラー『ＳＯＹ-ＹＡ』さんが発売したレジンキャスト製ガレージキットを製作いたしました。

１／２４００スケールですが、約40㎝。大きなムクのレジンキャスト製キットですが、やはりあっちこっちに電飾を施したくなるというのが宇宙の法則・自然の摂理。という訳で比較的製作の手間をおさえつつ、エンジンと艦橋を光らせながら製作いたしました。

HEAVY CRUISER

CÓRDOBA

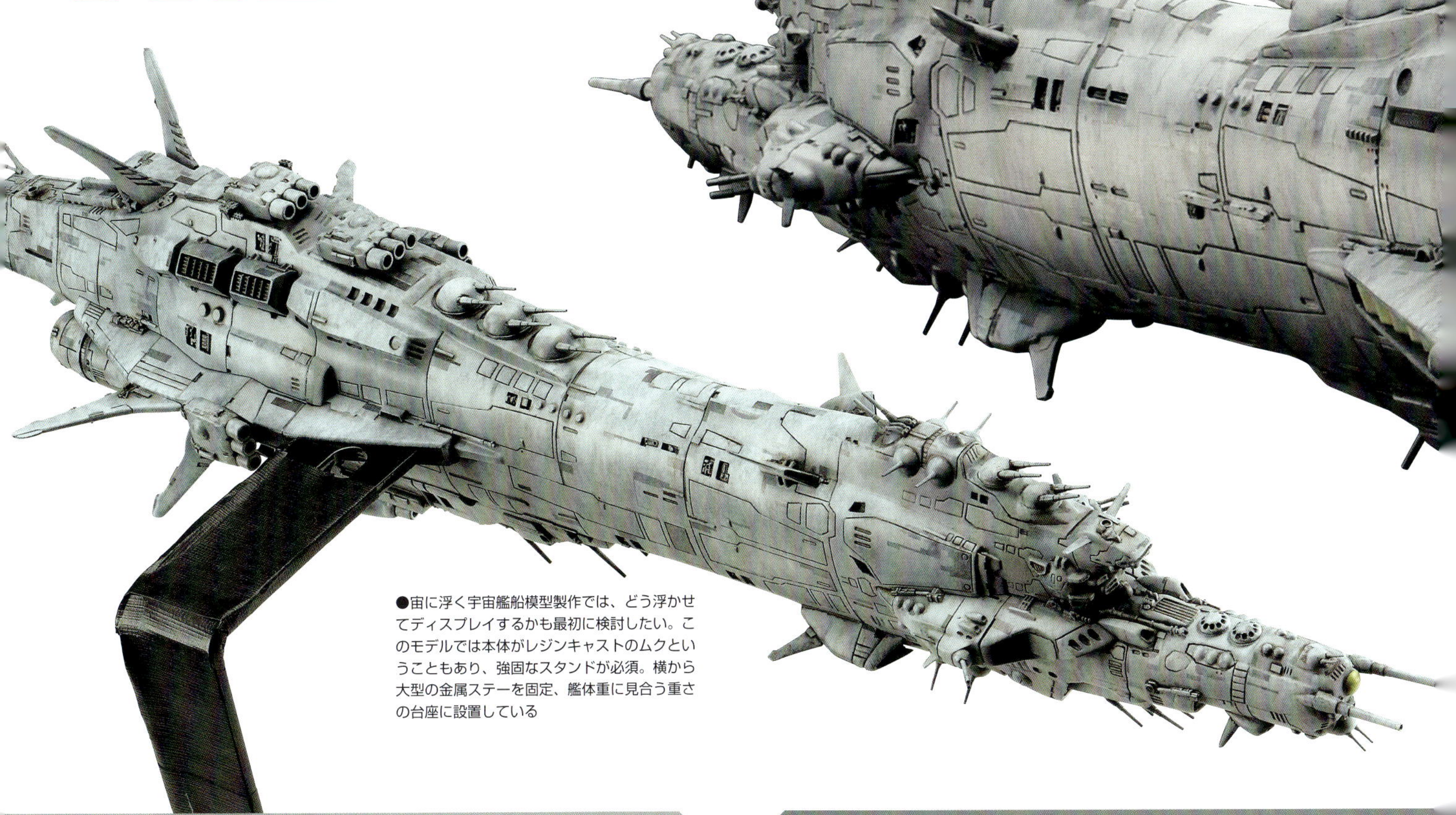

●宙に浮く宇宙艦船模型製作では、どう浮かせてディスプレイするかも最初に検討したい。このモデルでは本体がレジンキャストのムクということもあり、強固なスタンドが必須。横から大型の金属ステーを固定、艦体重に見合う重さの台座に設置している

私の製作スタンスとして、エンジンは煌々と輝かせたいので3㎜砲弾型の超高輝度白色LEDをを片側6個×2の合計12個使用しました。エンジンノズル部分のレジンキャストパーツをごそっとくり抜き、そのなかにウェーブ製プラパイプを使ってノズルを新調し設置。

艦橋は大胆にもまず頭頂部に穴を掘って3㎜LEDを設置したあとにエポキシパテで埋めました（あとから形状を回復しやすい箇所を狙って穴をあけるといいでしょう）。宇宙艦船模型において、艦橋の窓は必ず開口しなくてはいけないものではありません。今回のように素材がレジンキャストのムクではとくにどうしようもありません。しかしレジンは光が透けますので、艦橋の窓部分のみをマスキングしてから黒色のサーフェイサーなどで遮光し塗装を重ねれば窓だけが光ります。これは非常に簡単な方法です。そのキットの艦橋のパーツの素材や状態、LEDを仕込むスペースがあるかどうかによってアプローチを変えるのがよいでしょう。

さて、LEDの設置はさほど難しくはありませんが、カナメとなるのはリード線の取り回しです。このキットは艦橋下にある左右のユニットと胴体後部の膨らんでいる部分にある左右ユニットが別パーツなので、その本体側接合部に大きく穴を開けてリード線や支柱の収まるスペースを確保しています。前後の開口部を結ぶリード線は本体底部に溝を掘ってリード線をエポキシパテで埋めました。場所によっては追加ディテール風な処理もしています。レジンはプラスチックよりも柔らかいので取り回しさえ決めちゃえば作業自体はスピーディーに進められますので思ったよりもハードルは低いと思います。ただし、怪我には注意。

そして1／700艦船模型のパーツやこまかなプラスチック材で追加ディテールを盛り込み、フィルター越しの塗装でランダムなムラを付けて巨大感を演出しました。大きくて重いキットなので塗装のときは要注意ですね、取り回し時に先端をぶつけがちで90度回頭はキットでも大変でした！■

HEAVY CRUISER

CÓRDOBA

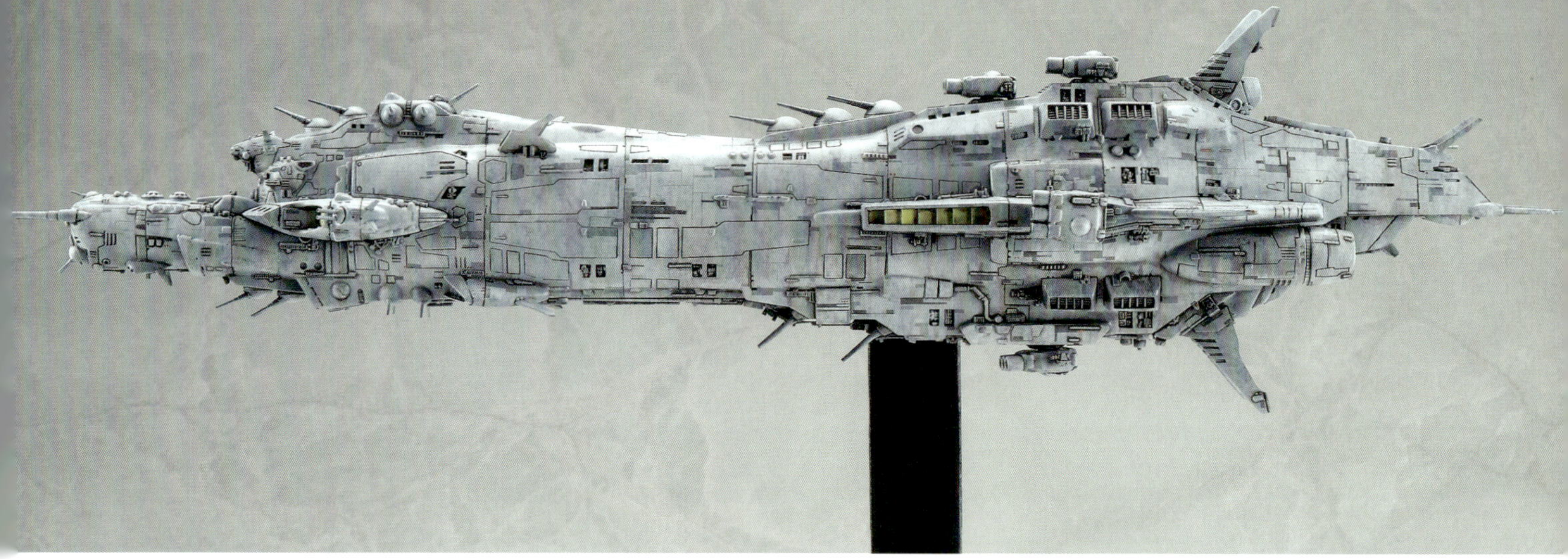

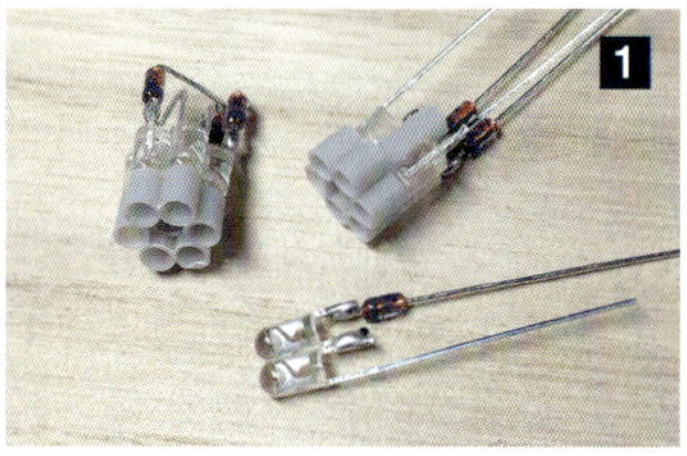

1

2

3

4

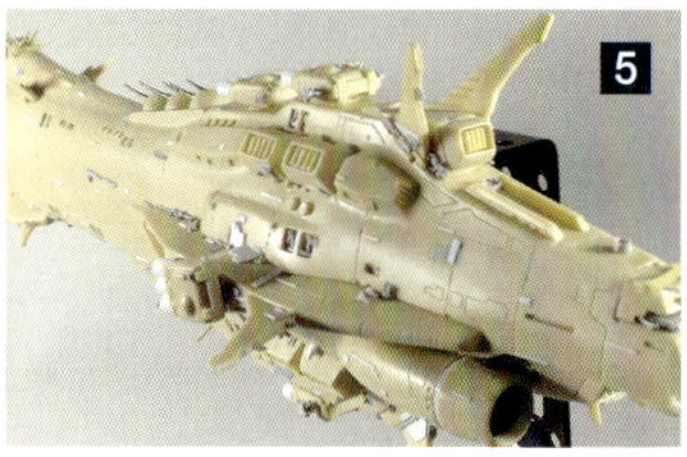

5

6

7

8

電飾だけでない、巨大艦のディテールを魅せる工作テクニック

12LEDは径が3㎜のウェーブ製プラパイプを円形に接着。そこにLEDを仕込むが、根本ですぐにCRDをハンダ付けし回路をコンパクトに仕上げる。これをエンジンパーツの内部を電動ツールでくり抜いたものに仕込むとプラスチックパーツが新しいディテールになる。34艦橋はこの部分でくり抜き内部に配線を通しつつLEDを埋め込む。レジンキャストは光を通すので通電すると明るく光る。あとは窓だけをマスキングして塗装する。5艦体はプラスチックパーツや流用パーツを使ってディテールアップ。砲身は付属の金属製の引き物を使用。三連装ブラスター砲はエバーグリーンのプラ材に置き換えた。678いったん黒で完全に遮光したのち下地色を塗装するが、換気扇用フィルターをあててグレーや茶を吹くことで濃淡のムラができる。この上から船体色を塗装することで表面に表情が付く。910下地色の上からこまかく矩形にマスキングをしてから艦体色を塗ると、あたかも艦表面の装甲が矩形に剥がれたり、微細なパネルシェード塗装をしたかのような効果が生まれ巨大感が出る

9

10

STAR SHIP ESSAYS

宇宙戦艦随想

……虚構と現実の狭間を往く船

森田　繁（スタジオぬえ）

ここでは“宇宙戦艦”という完全に架空の兵器について、SF作品の作り手はどう捉えているのか。名記事『スタジオぬえのスターシップ・ライブラリー』をふまえて、森田繁氏（スタジオぬえ）に、いまいちど改めて考察していただく。この愛すべき架空兵器はなぜかくも我々の心を掴んで離さないのか……

●『スタジオぬえのスターシップ・ライブラリー』は「月刊SFマガジン」'78年10月号より3年に渡って連載された考察コラム。その後、『スタジオぬえ　メカニックデザインブック【PART.2 宇宙戦艦編】』（バンダイ／刊）に再録

◆はじめに

「宇宙戦艦」——。

　その言葉の響きの、なんと甘美なこと。まさしく魂の琴線をゆさぶられます。宇宙戦艦とはSFファン、ミリタリーファンにとって永遠のあこがれでありロマン——いや、妄想の象徴そのものといえるでしょう。タイトルもそのまますばりの『宇宙戦艦ヤマト』や『スター・トレック（宇宙大作戦）』、『スター・ウォーズ』などの映像作品のみならず、コミックや小説でも、宇宙戦艦が登場する作品を目にするたび、無意識にチェックしてしまう筆者のような人間は多いことと思います。

　今回、「宇宙戦艦についてなにか書いてほしい」という依頼をいただき、考えこみました。

　いうまでもなく、宇宙戦艦は実在しない兵器です。いまを去ること35年ほど昔、あるSFイラストレーターたちは映像表現としてのSFにおいて、宇宙船はどのように描かれるべきなのかについて考察しました。1980年代のはじめ、早川書房のSFマガジンに連載された『スタジオぬえのスターシップ・ライブラリー』というコラム連載です。その連載中、執筆者のひとりであった宮武一貴（スタジオぬえのメカニックデザイナー）は「考えれば考えるほど、宇宙戦艦というのは非現実的なシロモノである」という趣旨のことを述べていました。筆者もまったく同感です。ですが非現実的であるがゆえに魅力的なのもまた事実です。いったい、宇宙戦艦のなにがここまで大の男を惹きつけるのでしょう？　本稿は、この点について個人的見解と偏見をもとに記そうとする試みです。

　「宇宙戦艦論」と呼ぶにはおこがましいものですので、ここでは「宇宙戦艦随想」とでも名づけておくことにしましょう。

◆宇宙戦艦　その定義

　まず最初に、「なにをもって宇宙戦艦と定義するのか」について述べてみることにします。もちろんあくまでも極私的な解釈ですので、気楽におつきあいいただければ幸いです。

　そもそも「戦艦」を辞書でひもとくと、「卓越した攻撃力と防御力を有する大型の軍艦」ということになります。要するに船の上に武器を積み、乗組員や機材を守るための装甲を施した船のうち、サイズが大きいものが戦艦に分類されると考えればよいでしょう。さらにその戦艦を運用する組織としての海軍の役割は、自国の利益を確保するとともに敵国の海洋利用を阻止することになります。ざっくり考えると、この定義を宇宙に拡大解釈すれば宇宙戦艦の定義とは次のようなものになるでしょう。

——ある国家が独占的に支配する宇宙空間、つまり領宙を航行する船舶の往来ならびにそれがもたらす経済的利益の保護。いっぽうで顕在的・潜在的を問わず敵対する国家・勢力の軍事的脅威を自国の領宙から排除し、破壊するために必要とされる大型の戦闘用宇宙船——

　筋はとおっていますが、どうも当たりまえすぎておもしろくありません。そこで、こんな定義も追加してみることにします。

——ここで、敵対国家・勢力の排除とは自己の領宙にとどまることなく、脅威の源泉たる敵勢力の本拠地およびそれに準じる天体・建造物を破壊または中立化することをふくむ。これらを実行しうる戦力を搭載するプラットフォームとしての戦闘用宇宙船を宇宙戦艦と呼ぶ——

　だいぶよさそうな感じです。敵の根拠地を破壊する、という意味では核戦力を搭載した現実の海軍艦艇と変わらない気もしますが、核爆弾では恒星や惑星を破壊することはできません。ここでは宇宙戦艦というフィクションの存在のみに許された定義ということにしておきましょう。

　また、追加のオプションとしてつぎの機能を加えてもよいかもしれません。それは外交使節、科学調査機関、そして市街地としての機能です。もしも人類未踏の宙域を突き進むとしたら未知の知性体や文明、天文現象と遭遇するかも知れません。そうしたとき、宇宙戦艦は戦う船であると同時に、母国の権益を代表する在外公館、そして最先端の専門知識をもつ科学者の集団でなければなりません。さらに、こうした航海は数年、数十年、あるいはそれ以上に長い期間にわたるものになるかもしれません。その場合、戦艦は船と同時に乗組員とその家族の生活をまるごと支える都市となることも求められるでしょう。

　あらためて整理してみます。

　宇宙戦艦とは——

・攻撃力と防御力をもった戦う宇宙船である。
・でかい。
・知らない宇宙人と出くわしたとき、交渉する権限をあたえられている。
・知らない宇宙人や科学現象を調査する科学者が乗っている。
・乗組員（もしかしたらその家族も）の生活をささえる生活基盤がある。

　少々盛り込みすぎかもしれません。おまけにどこかで見た宇宙船のような雰囲気も漂ってきましたが、これでおおよその定義は定まったようです。

　少なくとも、21世紀の現実の海軍の洋上艦（戦艦というクラスが実質的には消滅していることには目をつぶります）とはかけ離れた定義のように思われます。それは宇宙戦艦の活躍の舞台が「宇宙」であるからにほかなりません。地球の海は、どこまでいっても地球の海。どこへいこうと地球の円周よりも遠い場所はありませんし、その気になればヘリコプターなどで故郷と行き来することも可能でしょう。しかし宇宙戦艦では、そういうわけにはいきません。船、戦艦、シップという言葉の連想から宇宙戦艦を海軍艦になぞらえたくなるのは人情ですが、ここはやはりそれとはちがう独自のコンセプトを確立したいところです。宇宙は海ではないのです。

　余談ですが、『宇宙戦艦ヤマト2199』制作時にはこのあたりの事情についてだいぶディスカッションしたことを記憶しています

■銀河パトロール隊 レンズマン・シリーズ〈1〉
E・E・スミス／著　小隅 黎／訳　創元SF文庫／刊
●主人公達が駆る宇宙船は最新鋭艦〈ブリタニア〉号

◆フィクションに登場した宇宙戦艦

「宇宙戦艦」という概念が知られるようになったのはいつごろのことでしょうか。あくまでも個人的な見解ですが、おそらくは20世紀の初頭あたり、活字SFへの登場が最初ではないかと考えます。ここではひとまず、アメリカのSF作家E・E・スミスの『宇宙のスカイラーク』がアメージング・ストーリーズ誌に掲載された1928年あたりを嚆矢としましょう。SF史上はじめて、太陽系外を舞台にしたことで有名な本作ですがそれ以外にも、シリーズの後半では超弩級宇宙船同士が銀河系クラスの島宇宙をはさんでビーム砲撃戦を交わすような超絶スケールの戦闘がくりひろげられており、その想像力には圧倒されるほかありません。ですが宇宙戦艦という存在に魂を吹きこんだという点では、同じスミスによるもうひとつのシリーズ『レンズマン』のほうがふさわしいかもしれません。なぜならレンズマンには、銀河パトロール隊と呼ばれる軍事組織が登場するからです。スカイラーク・シリーズはいかにも当時のSFらしくし、天才的科学者の主人公が宇宙戦艦を操っていました。それに対してレンズマンでは軍隊としての銀河パトロール隊が宇宙戦艦を運用しているという点において、より前傾の定義に近いと思われるのです。

ともあれ、スミスの筆になる全長数km級の宇宙戦艦が超光速で恒星間空間を突進する描写は圧倒的でした。本作が宇宙戦艦のイメージの原型を確立したのはまちがいないところです。なおこのころには、宇宙戦艦のデザインといえばスカイラークに登場する球形戦艦か、レンズマンの涙滴型宇宙戦艦ぐらいしかなかったことをつけくわえておきます。そういえば1961年に当時の西ドイツでスタートし、いまも刊行がつづいている週刊スペースオペラ『宇宙英雄ペリー・ローダン』シリーズの宇宙戦艦も球形でしたね。

1966年。

デザイン的にはいまひとつ地味な球形・涙滴型宇宙戦艦の世界に革新が巻き起こります。『スター・トレック（邦題・「宇宙大作戦」）』のエンタープライズ号が登場したのです。

円盤型のハル（船体）と葉巻型の胴体、そして一対の円筒形エンジンを組み合わせた斬新なデザインはまさに衝撃的でした。それまでのもっさりした宇宙戦艦のイメージはエンタープライズの出現により一掃され、過去の遺物となったのです。筆者がメカデザインのキャラクター性を強く意識するようになったのは、エンタープライズ号のおかげだと思っています。一目見たら忘れられないその特異な形状は、誕生から半生記を経てなお古さを感じさせません。また、エンタープライズ号は戦艦であると同時に科学探査船であり、惑星連邦の天翔ける在外公館でもあります。筆者が考える宇宙戦艦の定義は、この船の登場により形づくられたわけです。

そしてエンタープライズ号の登場から8年後の1974年——。

ついに満を持して登場したのが『宇宙戦艦ヤマト』でした。

はじめてその姿を目にしたときの衝撃は、いまでもまざまざと思い起こすことができます。それは満天の星星のなかにヤマトが浮かんでいる、ただそれだけのキービジュアルでした。しかし戦艦大和をモデルにしたその複雑なフォルムのメカは、この作品がなにか異常なものであるという危険なオーラを強烈に放っていました。ヤマトはその全身で、自分が戦う船であることを強烈に主張していたのです。宮武一貴は「兵器のデザインは、デザインそのものが殺意を表現しているべきだ」といっていましたが、ヤマトはまさに戦う船そのものでした。もちろんそのデザインは実在の戦艦をもとにしています。しかしそこには宇宙戦艦としてのあらたな解釈と再構成がなされていました。それは同時に、キャラクターとしての訴求力を追加する作業でもあります。メカニックデザインと工業デザインのちがいと言い換えてもよいでしょう（後年、『∀ガンダム』のシド・ミードとの作業で筆者はそのことを強く実感することになります）。

スカイラーク、レンズマンに登場した球形・涙滴型宇宙戦艦は、科学的整合性から生み

「兵器のデザインは、
デザインそのものが殺意を表現しているべきだ」（宮武一貴）

■宇宙の戦士〔新訳版〕
ロバート・A・ハインライン／著　内田昌之／訳
（ハヤカワSF文庫／刊）
●ロジャーヤング号は機動歩兵を運ぶ小型コルベット艦

出されたものでした。エンタープライズ号はそこから一気に進化したデザインとキャラクター性で宇宙戦艦の概念を洗練させました。対するヤマトは、その無骨なフォルムに戦う船としての意志をみなぎらせ、これまでにない強烈な個性を発揮します。ヤマトが宇宙戦艦のデザイン――あるいは構造――にあたえた影響は計り知れないものがあるといえるでしょう。そのことを如実に物語るのが、1977年に公開された『スター・ウォーズ』でした。

『スター・ウォーズ　エピソード4／新たなる希望』に登場した当時、帝国軍の宇宙戦艦（インペリアル級スター・デストロイヤー）のデザインもまた衝撃的でした。全身から禍々しいまでの殺意を放つ巨体は、これこそまさに宇宙戦艦！　と拍手を送りたくなる完成度の高さで観客を魅了しました。以後、スター・ウォーズには帝国軍、同盟軍あわせて大小さまざまな等級の宇宙戦艦が登場することになります。ですが、ここには日本と英米の戦艦思想の差がすでにはっきりと現れていました。そのあたりについてはまたあとで述べたいと思います。

ともあれ、『スター・ウォーズ』以降は『宇宙空母ギャラクティカ』のギャラクティカ（あれ？　これは空母だ……）、『機動戦士ガンダム』のホワイトベース、『超時空要塞マクロス』のマクロス（……そしてこっちは要塞ですね）、『トップをねらえ！』のエクセリヲン、『銀河英雄伝説』の戦艦群などなど、実写、アニメーションを問わず枚挙にいとまがない数の宇宙戦艦が輩出されます。宇宙戦艦という言葉、その概念はいまや当たり前のものとなり――いや、それどころか古臭く手垢にまみれたものとなった感さえもあります。それにもかかわらず、まえに述べたように「宇宙戦艦」という言葉を目にすると「こんどはどんな船だろうか？　どんな兵器を積んでいるのか？」と胸を躍らせ、理想の宇宙戦艦のことを考えているだけで何時間でも平気で過ごせる自分がいる。そこには時代や年齢を超えた魅力があるのだということを認めないわけにはいきません。ここからは、そんな宇宙戦艦について、さらに踏みこんだ考えを述べていきたいと思います。

◆光よりも速い？　それとも遅い？

ひとことで宇宙戦艦といってもその数は多岐にわたります。ここでは考察を加える便宜上、それらを筆者なりの基準で分類してみることにしましょう。

まず最初の分類は、光速度よりも上か下か。恒星間宇宙戦艦と太陽系内宇宙戦艦、あるいはフィクション性の強い宇宙戦艦とリアル性の強い宇宙戦艦との分類、といいかえてもよいでしょう。とにかく前者は広大な恒星間・銀河宇宙をいく船であり、後者は地球近傍の宇宙空間から太陽系外縁あたりまでを航宙域とする船、ということです。

光速度よりも上、つまり超光速宇宙戦艦はワープ機関かそれに類した超光速駆動機関を搭載し、銀河宇宙を自由に駆けめぐることができる。こうした宇宙戦艦の代表的なものはエンタープライズ号やヤマト、そしてヤマトの後継艦アンドロメダ、さらにスター・デストロイヤーやマクロス、エクセリヲンなど。これらに共通しているのはどれもが映画やテレビ、アニメーションなど映像作品に登場する宇宙戦艦であることです。小説原作を映像化した『宇宙の戦士』（R・A・ハインライン）に登場するロジャー・ヤングや『クラッシャージョウ』（高千穂遙）のコルドバなどもこれに含めてよいでしょう。余談ですが、連合宇宙軍重巡洋艦コルドバはその名が示すとおり艦種上は重巡洋艦です。この上に戦艦クラスが存在すると考えられますが、それがどのような船なのかはつまびらかにされていません。

これに対して、光速度よりも下――相対論的速度、あるいは亜光速――で航行する宇宙戦艦の代表としてまず思い浮かぶのは『航空宇宙軍史』シリーズ（谷甲州）でしょう。物理学、軌道力学を駆使した迫真性に富んだ戦術で読者を魅了したこの作品では、ワープに類する超技術を搭載した宇宙戦艦は登場しません（時系列後半からは超光速船も登場）。本作に限らず、亜光速の宇宙戦艦は多くの場合燃料や推進剤の考証もリ

「宇宙戦艦は非現実的」（『スターシップ・ライブラリーより』）

●『GALACTICA／ギャラクティカ』より
バトルスター・ギャラクティカには宇宙戦闘攻撃機「コロニアル・バイパー MkⅡ」（写真左）が艦載されており、サイロン側の放つサイロン・レイダーを迎撃する

アルになされており、いわゆるハードSFに属する作品に登場するものが多いように思われます。もっとも、ホワイトベースやムサイなどの亜光速宇宙戦艦が活躍するガンダムをハードSFに分類するのはなかなか無理がある感じですが……。

本稿の冒頭で触れたスターシップ・ライブラリーが「宇宙戦艦は非現実的」と結論したのは、おもにこうしたリアル系統の宇宙戦艦を考証した結果でした。画期的な推進技術や、波動砲のような超破壊兵器が実現しないかぎり、現実の宇宙で戦艦を飛ばすのはむずかしいようです。

◆その構造で安全なのか？

宇宙戦艦、という兵器についてずっと気になっていたことがあります。

いわゆる艦橋、ブリッジの位置。あまたの宇宙戦艦を見るにつけ、艦橋の位置を見るたびにゾワゾワとした感情に襲われるのです。なんでこんなに、狙い撃ちされやすい場所に最重要指揮区画を配置するのか——と。

被弾することを前提に考えた戦艦なら、もっとも重要な区画は強力に防護されていなければなりません。洋上艦の艦橋が甲板上に高くそびえ立っているのは、それがより遠くを見通せる視野を得るためでしょう。

しかし現代の戦闘艦のほとんどがCIC（戦闘指揮所）を艦のもっとも防御力の高い区画に配置していることからわかるとおり、船の中枢を敵に狙ってくれとばかりに露出させるのは得策とはいえません。まして宇宙戦艦において、肉眼で遠方を確認することにどれほどの意味があるのか（『宇宙戦艦ヤマト2199』ではそのへんを逆手に取った演出もしてみせましたが）。

にもかかわらず、アニメや映画に登場する宇宙戦艦が目立つ位置に配置した艦橋を攻撃され、あえなく撃沈していくさまを我々はなんどとなく目にしてきました。

ヤマトの話を出したついでにもうひとつ、武装の位置についてもいっておきたいことがあります。なぜみんな、艦橋が立っている甲板の側にばかり武器を配置したがるのか？　天地のない宇宙を舞台に戦闘を繰り広げるのなら360度全方位、あらゆる方角に対して攻撃をくわえられるよう武器を配置するべきです。360度がだめならせめて、180度でもかまいません、要するに船底を差別するな、といいたい。

なぜこのようなことが起こってしまったのでしょうか。これらはすべて、合理性とキャラクター性をはかりにかけて船の構造を決定したためです。たしかに前にも書いたように、メカデザインとは工業デザインではなくキャラクターデザインである、とする立場からすると合理性にもとづく宇宙戦艦のデザインは、じつにつまらないものになりかねません。

そもそも宇宙戦艦そのものが非合理的であることには目をつぶるとしても、たとえば戦闘機が一機、激突するだけで艦長以下幹部乗組員が全滅し、あまつさえ艦全体の制御をうしなってしまう宇宙戦艦など言語道断。したがって、このような重要区画は艦の中央近くに移動させ——てしまうと、どうもデザインとしてはおもしろくないことになりそうです。そしてこのあたりから、本稿のスタンスはじつに悩ましいものになります。ひと言でいえば、「リアルな宇宙戦艦は絵にならない」。

宇宙戦艦を、戦艦らしくしようとすればするほど、それは合理的なリアリティからかけ離れたものとなってしまいます。いっぽうで、リアルにすればするほどおもしろみのない構造、フォルムのものになっていくでしょう。

この問題を、なぜ言い訳がましく書き連ねるかというと、まだ映像エンターテインメントにおいて、自分が完全に納得しうる構造とキャラクター性とを兼ね備えた宇宙戦艦には出会ったことがないからであり、いつかそれを生み出す機会に自分が巡りあい、かかわれる日が訪れることを待ち望んでいるからなのですが——。

そしてじつは、こうした考えを抱かせてくれること自体が宇宙戦艦の魅力ではないかとも思えるのです。合理的な正解がないからこそ、ああだこうだと知恵をしぼり、アイデアを駆使して理想の戦艦を構築する楽しみがあるのではないでしょうか。

◆その船、ほんとうに戦艦ですか？

じつは欧米、とくにアメリカのSF映画に登場する宇宙戦艦にはずっと違和感を感じていました。それは「この船を、ほんとうに宇宙戦艦と呼んでいいのか」という疑問です。

宇宙戦艦らしき超大型宇宙船が登場する『スター・ウォーズ』、『バトルスター・ギャラクティカ』、『インデペンス・デイ』のような超メジャー級タイトルから、『ガーディアン・オブ・ギャラクシー』、『ジュピター』のようなそれなりにメジャーなタイトル、『バトルシップ』のような怪作に至るまで、この疑問はつきまとってはなれません。筆者はこれを、「アメリカ産の宇宙戦艦はじつは戦艦ではなく空母問題」と勝手に名づけています。

そう、じつは欧米圏の宇宙戦艦のほとんどが、その本質は航空母艦なのです。その証拠にスター・デストロイヤーもギャラクティカ（これは最初から宇宙空母と名乗っていましたが）も、戦艦のような態度で画面に登場しこそすれ、いざ戦闘がはじまるとその主役の座を小型戦闘機に明け渡してしまうではありませんか！　「ガーディアン——」や「ジュピター」、「バトルシップ」でもこれはおなじことで基本的には艦載機を送り出したあと、母艦はなにもせず戦いを見守っているだけなのです。これは到底、戦艦がとるべき態度ではありません。

対して、日本では「ヤマト」しかり、「銀英伝」しかり、ちゃんと戦闘の主役に戦艦がおり、それが戦っています。筆者にはこの違いがなにか、太平洋戦争当時の日米の兵器思想の関係に似ているように思われてならないのです。

大艦巨砲主義を捨て、空母を中心とする航空戦力にシフトしていったアメリカと、強力な火砲をそなえた巨艦にこだわりつづけた日本——。

フィクションの世界においても、この構図はいぜん生きつづけているように思えます。その点において「ヤマト」が果たした役割が大きいのは事実ですが、メカとして考えたと

Crusher Joe
Crusher Joe
Minerva
98.8 m

Heavy Starship
1606m

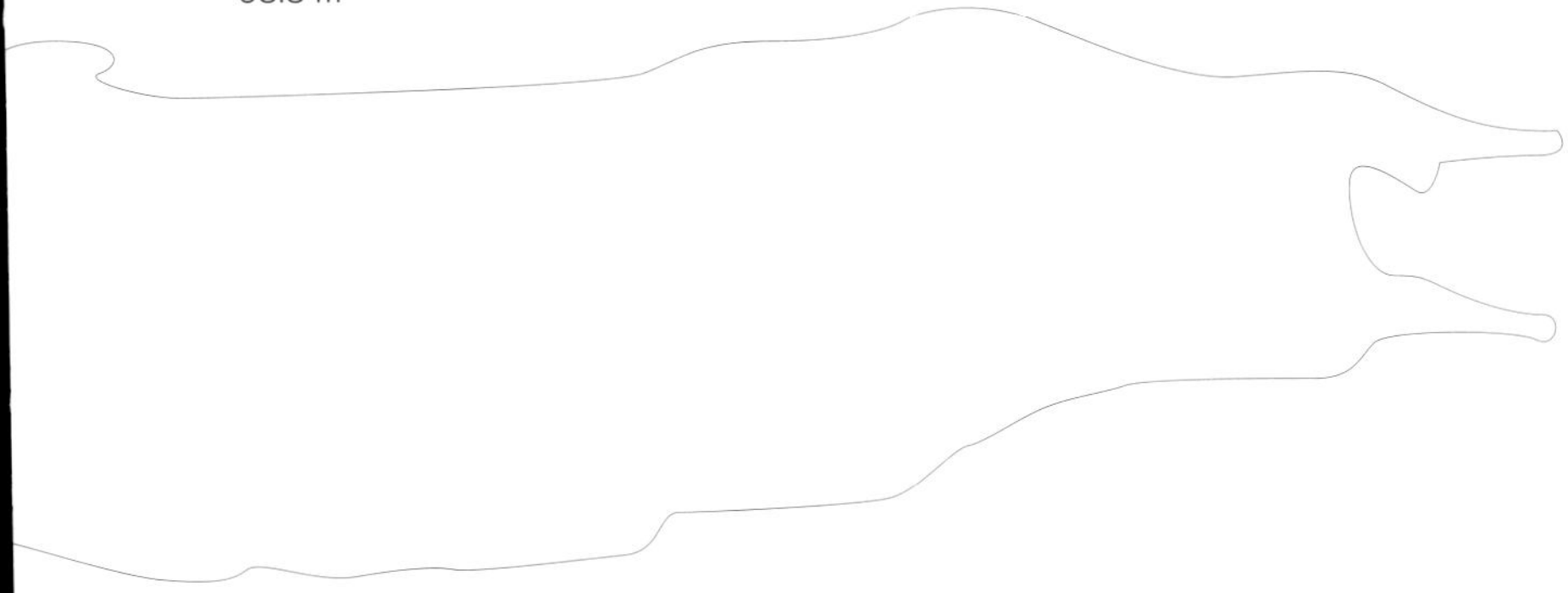

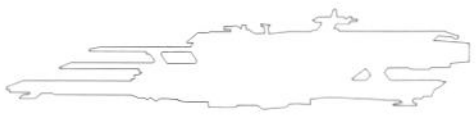

Space Batteship YAMATO
Great Imperial Garmillas Astro Fleet
Guipellon Class
410m

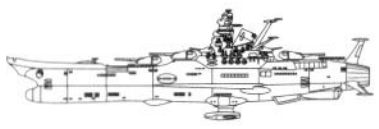

Space Batteship YAMATO
United Nations Cosmo Navy
Yamato BBY-01
333m

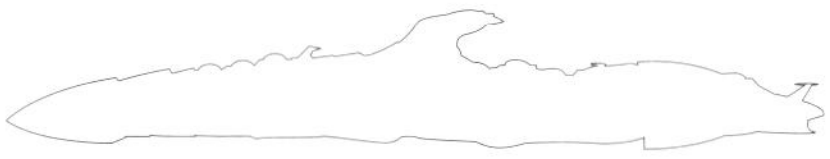

Space Batteship YAMATO
Great Imperial Garmillas Astro Fleet
Zoellugut class
730m

Space Batteship YAMATO
Great Imperial Garmillas Astro Fleet
Gelvades Class
390 m

Space Batteship YAMATO
United Nations Cosmo Navy
Kongo Class
205m

Space Batteship YAMATO
Great Imperial Garmillas Astro Fleet
Deusula II
638m

Space Batteship YAMATO
Great Imperial Garmillas Astro Fleet
Pormelia class
383.8m

Space Batteship YAMATO
United Nations Cosmo Navy
Murasame Class
152m

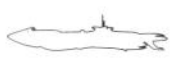

Space Batteship YAMATO
Great Imperial Garmillas Astro Fleet
UX-01
144m

Space Batteship YAMATO
Imperial Gatlantis
Nazca Class
334m

STARSHI

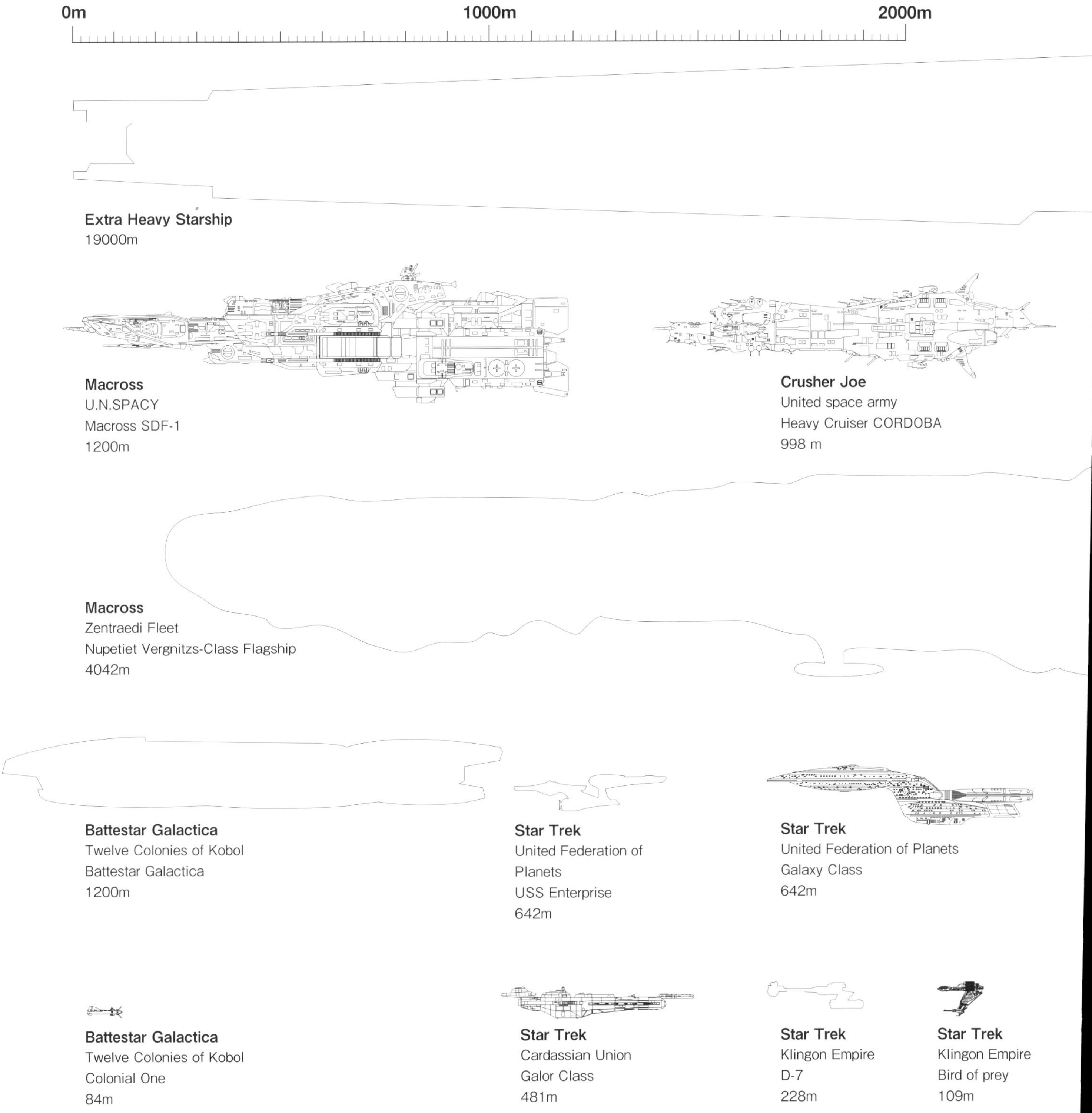

STARSHIP SIZE CHART

スターシップにおいて、その大きさはその演出上非常に意味のあるものになる。ここでは、本書登場艦とその関連艦船の大きさを設定資料にもとづて比較してみたい。大きいとされた艦船が小さかったり、隠密に活躍した艦船が思っていたより大きかったりと意外な発見がある

スターシップ全長比較図
1/12800 Scale

Illustration / Kishi Omori

アメリカ産の宇宙戦艦は、じつは「戦艦」ではなく「空母」問題

き、超絶の破壊力をもった火砲をそなえた戦艦のもつ魅力は、デクノボウ同然のスター・デストロイヤーやギャラクティカと一線を画するものがあります。じっさいの戦争では空母が勝ったかもしれませんが、エンターテインメントでは戦艦の圧勝——ということに個人的には決めさせていただきたい。

なお空母至上主義のアメリカ産宇宙戦艦において唯一例外といえそうなのはUSSエンタープライズですが、これとてフェーザー砲や光子魚雷ていどのギミックでは、とうていメカ好きの膝を打たせることはできません。わたしたちが見たいのは、うなりをあげて旋回する砲塔や凶々しく口をひらき爆炎とともにミサイルを撃ちだす開閉式サイロです。カトンボのような宇宙戦闘機をどれほど積んでいるからといって、そんな船は宇宙戦艦と名乗る資格がないのです。

◆宇宙戦艦、その甘美なる呪縛

ここまで思ったままに述べてきましたが、宇宙戦艦とは実在しないが故にあらゆる解釈を許容してくれるフレキシブルな存在です。どのようなデザイン、構造を提示しようと、「あれは本物とちがう」といって非難されることはありません。フィクションの存在なのですからかっこよさ、おもしろさがすべてです。

ここであえて「呪縛」という言葉を持ちだしたわけは、そのキャラクターとしての自由さが作品を縛ってしまうこともあるのだ、という点について最後に触れたいと思ったからです。

1966年の初放送以来、USSエンタープライズという宇宙戦艦（作中では戦艦とは呼ばないようですが、ここではあえてそう呼ばせてもらいます）が『スター・トレック』という作品の最重要キャラクターの一員であることにみなさんも異論はないかと思います。以後、スター・トレックはなんども新作がつくられましたが、その都度エンタープライズはモデルチェンジし、リニューアルし、生まれ変わってきました。エンタープライズはたしかに重要なキャラクターですが、それは唯一無二の存在ではなく、「エンタープライズ」と命名された他の船と置き換えがきく存在なのです。それゆえ、スター・トレックでは観客の意表をつく大胆な作品展開が可能でした。

いっぽう、『宇宙戦艦ヤマト』。

タイトルロールから明らかなように、本作の主役はヤマトです。表面上は沖田艦長、古代進ら乗組員が主役のようにふるまっていますが、繰り広げられるのはあくまでも「ヤマトの物語」でした。そしてこれは『2199』においても変わりません。それは同時に、「ヤマト」がほかの船とは置き換えのきかない存在になったことを意味します。その物語がつづく限り、「ヤマト」を捨てあらたな船に乗り換えることは許されない。これは、それほどこの宇宙戦艦が魅力的な存在であり、その半面、展開の自由度をおおきく制約することでもあります。あまりにも強烈なキャラクター性をもたせてしまったが故に生じたぜいたくな悩みといってもよいでしょう。作り手の立場からすれば、過度にキャラクターの立ったメカ（ここでは宇宙戦艦）は、じつにあつかいにくい存在です。まさしくヤマトの呪いといっても過言ではありません。

本稿の冒頭で、「宇宙戦艦はなぜ魅力的なのか」と問いましたが、その答えは存在そのものが矛盾に満ちたものだからです。

そしてヤマト、エンタープライズ、スター・デストロイヤー——綺羅星のごとく輝く矛盾の塊のような宇宙戦艦のもたらす呪縛に、わたしたちはがっちりとからめとられています。

筆者は、これからも数々の新たな宇宙戦艦にめぐりあい、あるいは生み出し、その甘く美しい呪縛のちからをより強いものにしたいと願っています。■

森田 繁

1959年東京生まれ。
脚本家。株式会社スタジオぬえ所属。
幼児期からSF・アニメーションに惑溺し気づけば現職。『機動戦士ガンダムSEED』を皮切りに『宇宙戦艦ヤマト2199』、『蒼き鋼のアルペジオ—ARS NOVA』などを経て近作は『紅殻のパンドラ』、『クロムクロ』などを手がける。

MY CAPTAIN♥2016

俺の艦長2016

廣田恵介

「艦長」という言葉がフィクションの世界に定着したのは、1974年放送の『宇宙戦艦ヤマト』以降だろう。以降、アニメでも実写でも巨大な宇宙戦艦・宇宙空母の指揮をとるのは「艦長」。英語でCOMMANDERでも「艦長」と訳されたりする。ここでは、アニメに登場する艦長たちの人生観・職業観を語った単行本『俺の艦長』の著者が『宇宙戦艦ヤマト2199』、『バトルスター・ギャラクティカ』、『クラッシャージョウ』をお題に「艦長の魅力」を再発見。明日からの仕事が楽しくなること、請け合いだ。

沖田十三と古代守（『宇宙戦艦ヤマト2199』より）

JYUZOU OKITA

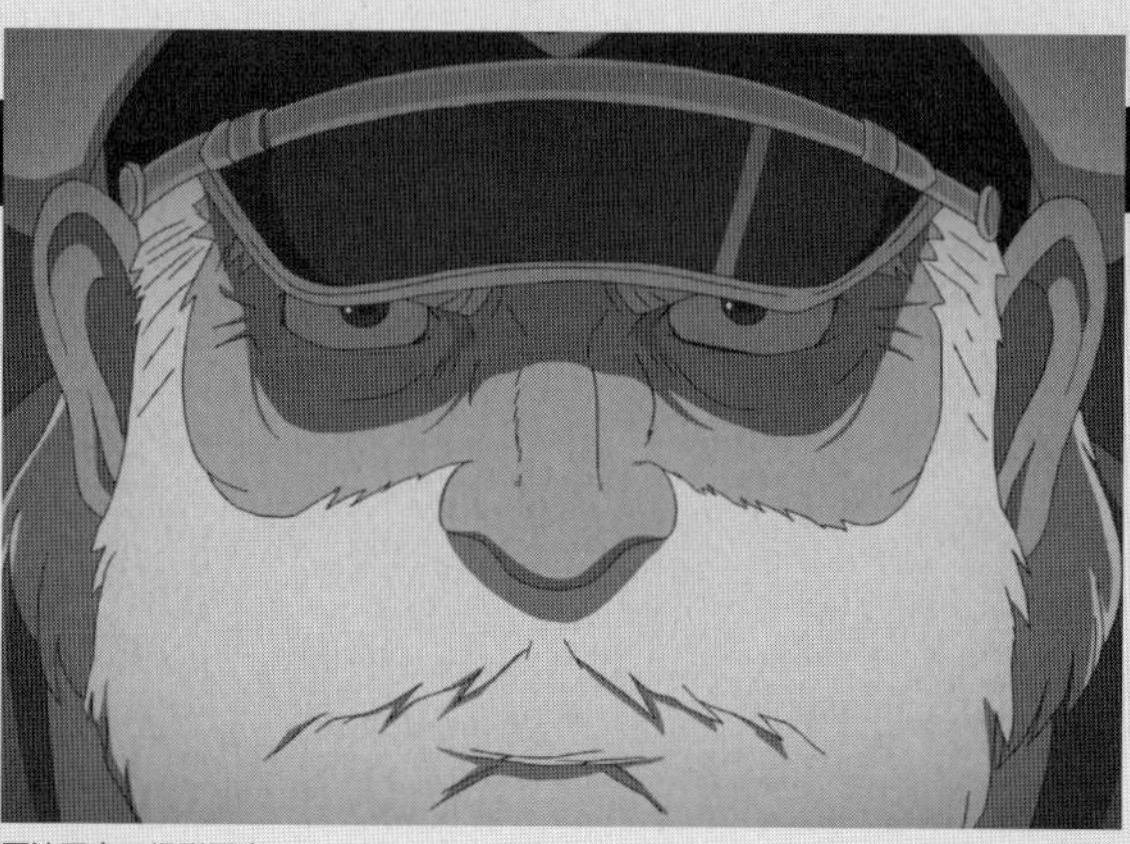

■沖田十三艦隊司令

「全砲門ひらけ……てえっ!」

「全砲門ひらけ……てえっ!」艦長を目指す者なら、一生に一度は口にしてみたい号令である。地球連合宇宙艦隊司令・沖田十三が宇宙戦艦キリシマの艦橋で発する指令は、「全砲門ひらけ」にとどまらない。「全艦戦闘配置」「砲雷撃戦用意」「現時刻をもって作戦を終了」など、声を低くして復唱したくなるような名〝艦長台詞〟を連発する。しかし、あわててはいけない。この冥王星沖海戦（メ号作戦）の旗艦キリシマの艦長は山南修。沖田は艦隊司令なのである。にも関わらず、後に宇宙戦艦ヤマトの艦長を務めることとなる沖田司令は端的な口調でキリシマおよび艦隊の指揮をとる。その落ち着いた声音が、彼の長い戦歴を裏打ちする。

さて一方、メ号作戦では沖田と対照的な立場の男が突撃宇宙駆逐艦ユキカゼの艦長を務めていた。古代守である。ユキカゼは先遣艦として単独行動をとっていた。ところが、第一艦隊の苦戦ぶりを知った古代艦長は、「転舵反転!」と感情的に指示を出してしまう。ガミラス側駆逐艦に狙われたキリシマを助けようと、ユキカゼはミサイルを発射。爆散した敵駆逐艦を前に、古代艦長は「やった!」とこぶしを握りしめる。しかも、キリシマからの撤退信号を「撤退?」と信じられない様子で受けとめる。面舵いっぱいで戦線を離脱する満身創痍のキリシマ、しかしユキカゼはその場にとどまった。艦橋の窓から、敬礼をする古代の細い体がチラリと見える。「沖田さん、僕は逃げません」「沖田さん、あなたはこんな所で死んではいけない人だ」。そんなやりとりをしているあいだにも、キリシマとユキカゼの距離はぐんぐん離れていく。このとき、2隻の艦の進路は決定的にすれ違い、沖田と古代、二人の指揮官の立ち位置も永遠に遠ざかっていった。未来へ舵を切ったのは、メ号作戦の裏まで知り尽くした老将・沖田である。過去に後ろ髪をひかれていたのは、むしろ沖田の年齢の半分しか生きていない古代のほうだった。「地球のことを頼みます」と年老いた沖田に最後の言葉を投げかける古代守は、まだ28歳なのである。絶望的なガミラスとの戦いの中で、この若い指揮官は死に急いでいるようにすら見える。

百戦錬磨の沖田十三は、リアリストである。何としてでも生還せねば、次の一手を打てないことを体で知っていた。ヤマト航海中も、未知の事実に直面すると即座に方針を変える柔軟性を発揮した。一方の古代守は、その瞬間の想いを優先するロマンチストである。あまりに対照的な二人の艦長。その倒立した立場は、西暦2199年、滅亡に瀕していた地球人類の心境を象徴的に語っているとも言えるだろう。すなわち、1%の希望に食らいつくか、99%の絶望を静かに美しく生きるか——。

後に宇宙戦艦ヤマトの艦長に就いた沖田は、古代守の弟・古代進を前に「別れはつらい。しかし、再び出会う」と穏やかに呟いた。その言葉を聞いて、古代進はただちに亡き兄・守を想起した。互いに能力を認めあっている者たちが、同じ道を歩めるとは限らない。沖田十三と古代守はすれ違った。そして、残された古代進には、新たな出会いが待っていた。

■古代 守艦長

「地球のことを頼みます」

MAMORU KODAI

■メ号作戦中、被弾する沖田提督の座乗艦、金剛型宇宙戦艦キリシマ

■磯風型突撃宇宙駆逐艦ユキカゼ

フォムト・バーガー（『宇宙戦艦ヤマト2199 星巡る方舟』より）

FOMT BERGER

「メリア……俺、また生き残っちまったよ……」

■フォムト・バーガー少佐

七色星団海戦は、惑星イスカンダルを目指す宇宙戦艦ヤマトと大ガミラス帝星軍の間に生じた、最も大規模、もっとも苛烈な戦いだった。銀河方面作戦司令長官に任命されたエルク・ドメル上級大将は各戦線から将兵をかき集めてヤマトに挑戦状を叩きつけたが、激戦の末、ほぼ全艦艇を失うほどの大打撃をこうむった。だが、いついかなる悲劇のなかでも、運の強い者はいる。第七駆逐戦隊長の若き少佐、フォムト・バーガー。七色星団海戦では艦上攻撃機スヌーカに搭乗、ヤマトに肉薄したが、乗艦である航宙母艦ランベアは被弾して雲海に沈んだ。その際、ランベア艦長のルタン・ベスター大佐は戦死し、やむなくバーガーが艦長代理の任についた。孤立した航宙母艦ランベアの艦内は老人や少年兵ばかりが取り残され、バーガーは亡き恋人メリヤのホログラフに語りかける体たらくであった。「メリア……俺、また生き残っちまったよ……」。バーガー艦長代理は、艦載機を失った航宙母艦そのものだ。そのときの彼は、ただ死んでいないだけの抜け殻だった。倒すべき敵も、肩を並べて戦う友もいない。

だが、運命はバーガーに悲観することを許さなかった。大ガミラス帝星・第8警務艦隊がランベアに合流したのだ。旗艦ミランバルの艦長は、バーガー艦長代理の同期にしてメリアの姉でもあるネレディアだ。ネレディア艦長の堂々とした物腰が、ヤマトへの攻撃中止命令が、バーガー艦長代理の心に薪をくべた。彼の心は焚き火のように燃え盛り、「俺はヤツを……ヤマトをこの手で沈めたい！」思わぬ言葉が、口をついて出た。それがかなわぬ願いであることは、ネレディアにはお見通しだった。ランベアには、戦力と呼べるものは何ひとつ残っていなかったのだから。

しかし、ネレディアとの再会によって、バーガー艦長代理は体温のある人間の世界に戻ってきた。死んでいった戦友たちの名前が次々と思い出され、自分の置かれている窮状をありありと認識することができた。バーガー艦長代理の魂に、再び温かい血が通ったのである。彼には本来果たすべき目的が見えた。それはヤマトへの復讐ではない。残された老兵・少年兵たちを故郷へ帰すことだった。

惑星規模の宇宙船・シャンブロウの幻影のなかでヤマト戦術長・古代進らと生活を共にしたバーガー艦長代理は、ネレディアに代わってミランガルの指揮をとった。シャンブロウを包囲する帝星ガトランティスの艦隊を破るには、ヤマトと共闘するしかない。バーガー艦長代理は、座礁したランベアの救助をヤマトの指揮をとる古代進に頼んだ。バーガーにとって、戦友ネレディアや部下たちの乗るランベアは、もはや戦いに敗れた旧式航宙母艦ではなかった。そのくたびれた旧い船は、この若い将校にとって守るべき小さな家となったのである。

そして、古代進は艦長のあるべき姿をかつての敵のなかに見出した。いくらかひねくれてはいたが、バーガー艦長代理は生命力にあふれていた。ヤマトとランベアは、広い宇宙の真ん中で別れる。おのおの、守るべき家族を抱え、別々の道へ歩みだす。その日、宇宙はいつもより澄んでいて、いつもより静かだった。

■ネレディア・リッケ艦長

■ヤマトと共闘作戦を展開するゲルバデス級航宙戦闘母艦〈ミランガル〉

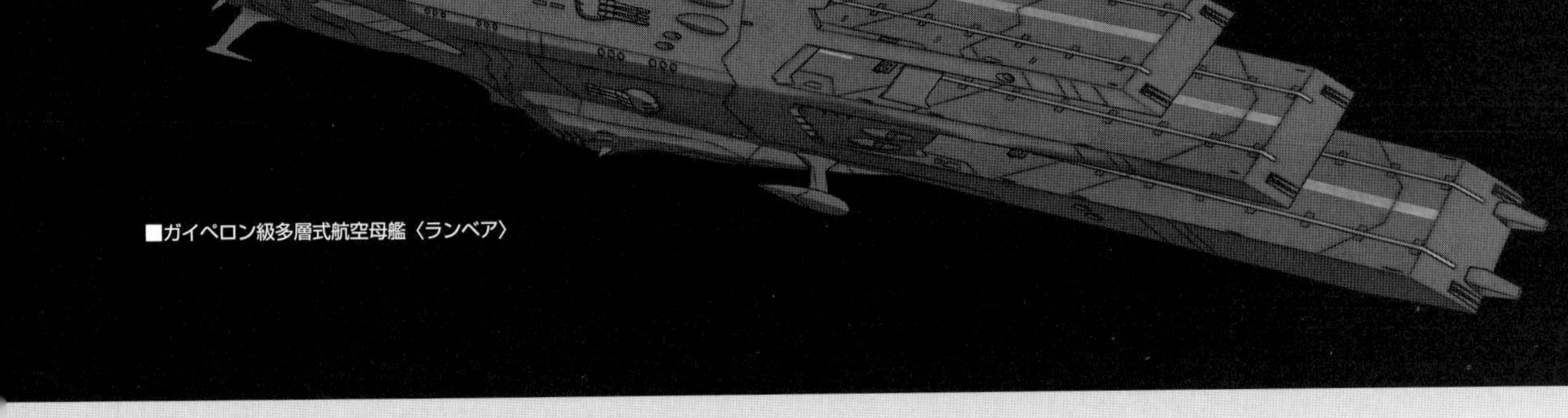

■ガイペロン級多層式航空母艦〈ランベア〉

ボドム・メイスと ゴラン・ダガール （『宇宙戦艦ヤマト2199 星巡る方舟』より）

BODOM MACE

「大都督。このままでは、転送座標に誤差が」

■ボドム・メイス艦長

フォムト・バーガーと古代進は美しい出会いと別れを経験した。だが、古代アケーリアス文明の残した〝方舟〟シャンブロウをめぐる戦いのなか、無念のうちに命を落とした艦長もいた。メダルーサ級殲滅型重戦艦メガルーダの艦長、ボドム・メイスである。メガルーダの率いる帝星ガトランティス・グタバ遠征軍は、ガトランティス本国から〝静謐の星〟と呼ばれるシャンブロウ捜索を命じられていた。遠征軍の司令官としてメガルーダに座乗したのは〝雷鳴の戦士〟の異名をとるゴラン・ダガール大都督。だが、これが破滅的な人選ミスであったことは後々、少しずつ明らかになっていく。

事は、大マゼラン外洋で始まった。大ガミラス帝星のバシブ・バンデベル艦長はクーデターに失敗して後、ゼルグートⅡを旗艦とする艦隊を引き連れ、銀河を放浪していた。大マゼラン外洋銀河間空間に到達したとき、彼らは突如として宇宙を切り裂く巨大な火柱に攻撃された。反撃も空しく、次々と轟沈していくガミラス艦艇。バンデベル艦長は敵がガトランティス人であることを知ると、彼らを「蛮族」と蔑んだ。その蛮族のなかでもっとも常識はずれな男こそがダガール大都督だったのだから、バンデベル艦長も運がない。メガルーダは、艦腹に抱えた巨大な火焔直撃砲を連射してバンデベルの艦隊を焼き尽くした。その凄惨な光景は、とても戦いと呼べるようなものではない。単なる破壊行為だ。

だが、ダガール大都督は満足げに笑った。腰に下げた大剣を艦橋の床に突き立て、大声を立てて笑った。彼の横溢な闘争本能は、おおいに満たされたのだ。こうまで好戦的な男、粗暴なまでに強力な巨艦メガルーダに出くわしたら、惑星イスカンダルで波動砲を封印した国連宇宙軍のヤマトはひとたまりもないだろう。

しかし運悪く、グタバ遠征軍のイスラ・パラカス艦長は地球へ急ぐヤマトを発見してしまった。ナスカ級打撃型航宙母艦キスカから艦載機を発進させたイスラ艦長は、ガトランティスにもその名を知られた地球の艦・ヤマトに「一番槍をつけた」と興奮する。イスラ艦長からヤマト発見の報を受けたとき、メガルーダの艦橋は酒宴の真っ盛りであった。溢れんばかりの山海の珍味。おそらくは、バンデベル艦隊を葬り去った祝いの宴であろう。

さて、ダガール大都督の次なる目標は決まった。ヤマトの波動砲を手に入れ、大帝に献上するのだ。「ダガールに勝利を！」兵たちが抜刀する。「一族に栄光を！」戦太鼓が打ち鳴らされる。いやがおうにも、士気が高まる。それでも、酩酊したダガール大都督には、ヤマトに艦を受け渡すよう通達するだけの冷静さは残されていた。むろん、ヤマトの指揮を受け持つ古代進の返答は「断る」。

しかし、それこそがダガール大都督の期待したとおりの答えだったのだ。彼の巨大な腹から笑いがこみ上げた。「よくぞ申した……。なれば」と、ダガール大都督は身を乗り出した。「名誉の死を与えるのみ」。まるで会話がかみ合っていない。もとより、ダガール大都督に対話の意志などない。一方的な命令。一方的な攻撃、強奪、破壊。その獰猛さだけが、ダガール大都督の頭脳を支配していた。まさに蛮族。

無用な交戦を避けるべく転舵したヤマト。だが、功を焦ったラスコー級突撃型巡洋艦グリアデが、グタバ遠征軍の艦列を離れてしまった。しかも、そのあいだにもメガルーダの火焔直撃砲は着々と発射準備を進めていたのである。このままでは、僚艦のグリアデを火焔直撃砲の砲火に巻き込んでしまいかねない。「大都督。このままでは、転送座標に

MEGARUDA ANNIHILATION HEAVY BATTLESHIP

■ナスカ級打撃型航宙母艦〈キスカ〉

■メダルーサ級殲滅型重戦艦〈メガルーダ〉

■ゴラン・ダガール大都督

GORAN DAGARM

「だがそれでこそ、大帝に献上する価値ある艦（ふね）」

誤差が」と進言したのが、メガルーダのボドム・メイス艦長である。無論、「グリアデが邪魔になってヤマトに命中しない」「誤ってグリアデを撃沈してしまう」ことを危惧したのだ。せめて仲間だけは巻き添えにしまいというボドム艦長の常識的判断だけが、グタバ遠征軍の破滅的暴走を止める最後の希望だった。だが、希望は打ち砕かれた。ボドム艦長の言葉に耳を貸さず、ダガール大都督は火焔直撃砲の発射を命じる。「我がガトランティスの輝き」をヤマトに見せつけてやりたいからだ。

ボドム艦長が恐れたとおり、火焔直撃砲はグリアデを沈めた。しかしヤマトは右舷装甲にかすかな損傷を受けただけだった。「だがそれでこそ、大帝に献上する価値ある艦（ふね）」……ほくそ笑むダガール大都督。火焔直撃砲が外れそうなら「ガトランティスの輝き」、ヤマトが沈まなければ「価値ある艦（ふね）」。物は言いようである。行き当たり場当たりで頻発するトラブルに「輝き」「価値」を見出しているだけのダガール大都督。目の前で悪化しつつある事態をあるがままに受け止めず、上っ面の言葉で飾り立てる……こんな上官を前にしたら、誰でも黙り込んでしまうだろう。ボドム艦長も、口をつぐんで艦橋に立ち尽くすしかなかった。いまはただ、嵐がすぎるのを待つしかない。幸い、目の前の惑星に逃げ込んだヤマトは遠方へワープしてくれた。ホッと一息……のはずだが、獲物を逃がして苛立ったダガール大都督は予想もしない暴挙に出た。なんと、傍らに立っていたボドム艦長を殴り倒したのである。

が、事はこれだけに終わらなかった。前述したように、グタバ遠征軍の本来の目的は〝静謐の星〟と呼ばれる古代文明の捜索である。ガトランティス本国のシファル・サーベラー丞相から、あらためて本来の任務に専念するよう、ダガール大都督は強くたしなめられてしまった。〝静謐の星〟が見つからぬ場合は死刑……ガトランティスならではの強烈な罰則だが、脂汗を流すダガール大都督を横目に、ボドム艦長は笑みをこぼさずにいられなかった。サーベラー丞相の脅し文句で、この横暴な司令官も少しはおとなしくなるだろう……が、その期待は甘かった。ダガール大都督はヤマト追跡を艦隊に命じたのである。いったい、この男は他人とコミュニケーションする意志があるのだろうか？　しかも、ヤマトを追ってワープ・アウトした先には〝静謐の星〟ことシャンブロウが待っていたのだから、ダガール大都督も強運の持ち主。「まさに天佑神助」とダガール大都督は誇らしげだが、偶然にすぎない出来事に「天」や「神」を持ち出すのも大げさなうえ、本国の命令を無視してシャンブロウを独占しようと（例によって）思いつきで判断。この人選ミスに、ようやく本国のサーベラー丞相も気がついた。というのも、ボドム艦長がひそかにシャンブロウ発見を本国へ伝えていたからである。いよいよダガール大都督の命運もここまで……と、いつになく邪悪な笑みを浮かべるボドム艦長だったが、命運が尽きたのは彼のほうだった。サーベラー丞相に嘲笑された腹いせに、ダガール大都督が愛用の大剣で斬りすてたのは本国との通信装置、そしてボドム艦長だったからだ。

艦長を失ったメガルーダに、もはや歯止めはきかない。ヤマトの攻撃で切り札の火焔直撃砲を使用不能にされたメガルーダは艦隊を置き去りにして戦線を離脱。「ダガール……それでも戦士か！」航宙母艦キスカのイスラ艦長が怒りの声をあげたのも無理はない。こうしてダガール大都督の気まぐれに振り回されたグタバ遠征軍の足並みは乱れ、〝静謐の星〟奪取の目的は果たせず、戦士たちは無駄死にしていった。

おそらく、未知の何かを探すには遠くの夢を見る者と間近の現実を見つめる者、両方が必要なのだ。二種類の人間が互いに顔色をうかがい、ときには上手に喧嘩しながらでないと、目標にはたどり着けない。ダガール大都督とボドム艦長の場合、「夢」が「現実」を斬り殺すという最悪の末路を迎えてしまった。もし、ボドム艦長がダガール大都督を陥れるような裏工作をせず、うまく彼の機嫌をとっていたなら、最悪の事態はまぬがれたのかも知れない。

■波動砲を封印したヤマトはロケットアンカーをも活用し、窮地を乗り切った

■メイス艦長の進言にもゴラン大都督は耳を貸さずに、暴走する

ウィリアム・アダマとリー・アダマ（『GALACTICA／ギャラクティカ』より）

William Adama

「ここは、私の艦（ふね）だ」

■ウィリアム・アダマ艦長

「最近、鏡で自分を見たか？ たるみ、衰えおって。精神も肉体もだ」。ギャラクティカの艦長室で、ウィリアム・アダマは息子のリー・アダマを怒鳴りつけた。ウィリアムはギャラクティカの艦長、リーはペガサスの艦長だ。ギャラクティカとペガサス。12の惑星から成るコロニーを守る〝バトルスター〟艦120隻のうち、生き残った2隻の艦は、守るべき人々から遠く離れた宙域で、もう4ヵ月も訓練を繰り返していた。

　120隻ものバトルスターに守られていた12のコロニーは、核攻撃により滅びた。奴隷として製造されたロボット〝サイロン〟が人間そっくりの有機体に進化、コロニー艦隊の軍事プログラムを改竄し、奇襲攻撃をしかけたためだ。ギャラクティカは40年前の第一次サイロン戦争時に建造された旧型艦であるため、人型サイロンのプログラムした擬似コマンドに惑わされず、攻撃を逃れることができた。一方、最新鋭艦のペガサスはオーバーホール中でオフライン状態だったため、同じく擬似コマンドを受けつけずに生き残れたのである。ローラ・ロズリン大統領の乗るコロニアル・ワンによって編成された宇宙船団と5万人の民間人を守りながら、ギャラクティカは預言書に記された13番目のコロニー〝地球〟を目指した。一方のペガサスはサイロンへの反撃を繰り返しながら、単艦で宇宙をさまよっていた。サイロンに追われるギャラクティカ、サイロンを追うペガサス。この2隻が出会うのは、必然とも言えた。

　ところが、2隻の艦は最初から相性が悪かった。まず、ギャラクティカのウィリアム・アダマ艦長よりもペガサスのヘレナ・ケイン艦長のほうが階級が上。つまり、ケイン艦長は提督を兼ねており、彼女の命令にはベテランのアダマ艦長でさえ逆らうことが許されなかったのだ。やがてケイン艦長は脱走したサイロンの捕虜に撃たれて死亡。二代目艦長フィスクも暗殺され、アダマ艦長の選んだ三代目艦長ガーナーも戦死してしまった。責任を感じたアダマ艦長は、息子のリーをペガサスの四代目艦長に任命した……という複雑ないきさつがある。

　数十隻の民間船団を守りながら、再び伝説の星〝地球〟を探しはじめたギャラクティカとペガサス。だが、船団内の大統領選にガイアス・バルター博士が出馬すると、「地球探索をあきらめ、居住可能な惑星に入植すべきか否か」が争点となった。当選したバルター大統領は、新たに見つかった惑星をニュー・カプリカと名づけ、三万人をこえる人々が入植を始めた。ギャラクティカとペガサスはニュー・カプリカの軌道上に残って警護をつづけたが、サイロンの追撃がないまま、一年間が経過した。その間、2隻のバトルスターの乗組員もニュー・カプリカに住みはじめ、戦力は半分に減ってしまった。

……そんな折である。サイロンが突如としてニュー・カプリカに現われ、街を占拠したのだ。勝ち目がないと悟ったペガサスのリー艦長は、ギャラクティカのアダマ艦長を説得、やむなくニュー・カプリカの人々を置き去りにしてFTL（超光速）ジャンプを決行。バルター政権はサイロンに降伏、占領された街では人々が投獄され、拷問をうける地獄の日々が始まった。

　……それから4ヶ月後、ニュー・カプリカから遠く離れた宇宙空間。アダマ艦長は数少ないパイロットたちを訓練し、ニュー・カプリカへ戻って民間人を救出する作戦を練っていた。だが、訓練では事故が多発。作戦立案も遅々として進まない。アダマ艦長は人々を置き去りにした罪悪感のため、焦っていた。無理な訓練メニューを11時間も継続し、パイロットたちの未熟さに憤った。先の見えない苦悶の日々。息子のリー艦長は、アダマ艦長とは対照的に事態の困難さを受け入れていた。愚痴っぽくなり、その体は肥え太ってしまった。アダマ艦長が指摘したように心も体も「たるみ、衰え」た。リー艦長の肥えた肉体は、現状

Battlestar Galactica

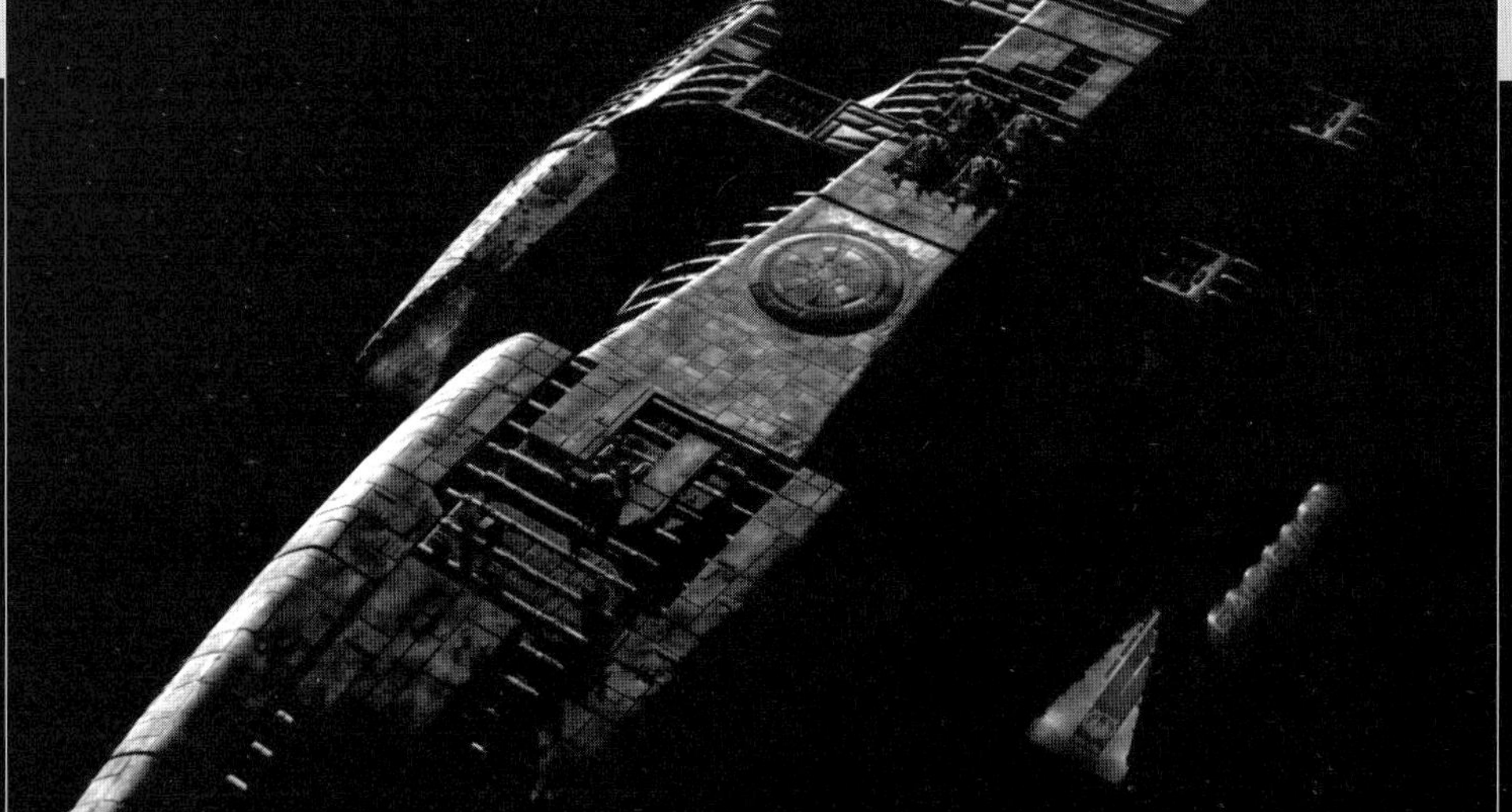
■BSG75所属バトルスター・ギャラクティカ

■ウィリアム艦長とリー大尉（当時）

Leland Joseph Adama

「どう言えば、（無謀な作戦を）やめてくれるんだか」

を維持しようとする保守的な態度の反映だ。また同時に、努力の放棄、挑戦心の枯渇、臆病さ、あらゆるネガティブな心のありようを残酷に表徴していた。

反対に、リー艦長の目からはアダマ艦長の救出プランと闇雲な訓練スケジュールは自暴自棄に見えたことだろう。アダマ艦長は第一次サイロン戦争時にはパイロットとして従軍、休戦協定締結後も軍にとどまり、2隻のバトルスターと3隻の護衛艦を指揮。その輝かしい軍歴だけが彼のプライドを維持していた。しかし、揺るぎないプライドは融通のきかない頑迷固陋さと表裏一体だ。ギャラクティカの艦長に就いたのも、彼が己の意地を張り通した結果だった。ギャラクティカ着任前、軍を退役して民間企業に天下りするよう、アダマ艦長は知り合いから強く誘われていた。ところが、面接試験で彼は「レジから金を盗んだことはあるか?」など、無礼な質問を浴びせられた。それは対照データを得るためのテストに過ぎなかったのだが、うんざりしたアダマ艦長は体につけられた装置を外しながら席を立った。「これなら、残りの人生をオンボロ船で過ごしたほうがマシだ。言っていることをいちいち疑われるよりな」。つまり、ウィリアム・アダマは転職で得られるはずの収入と生活を捨てて老朽艦ギャラクティカの艦長に着任したのだ。彼ほど、己の内なる良心に誠実な男はいない。だが同時に、彼の決断は常に周囲に影響を及ぼす。ギャラクティカ艦内で人型サイロンの工作員が自爆したとき、アダマ艦長は艦内の治安を守るために独立審問会の設立を許可した。だが、自分が疑われる立場になると、審問会を解散させてしまった。アダマ艦長の頑固さは、ときとして後先を考えない捨て鉢な言動となって表れる。

そのような父親に育てられたリー艦長は、〝バイパー乗り〟——すなわち戦闘機のパイロットとしての人生をなかば強引に押しつけられた。リーの弟のザックもパイロットになったが、訓練中に事故死してしまった。リー艦長は、父親が強権を振りかざした結果、ザックに過度な負担がかかって死に至ったものと確信していた。リー自身は優れたパイロットになれたが、父親とは距離を保ちつづけた。自分に厳しい代わり、他人に課せられた義務や責任をしつこく追及する性癖も、頑固な父親への反動から生まれたのかも知れない。ともあれ、事あるごとに対立してきた父と子は、またしても意見を違える。「人類を救おうとしているんだ」と主張するアダマ艦長はニュー・カプリカに置き去りにした人々のことを思い、「どこに人類がいるか見えていない」と反発するリー艦長は民間船で逃げおおせた目の前の2千人の人々を優先しようとする。その2千人を守り、種としての人類を存続させることのほうが建設的なはずだ。「正論だな」と、ついにアダマ艦長は折れた。そして、リー艦長に〝地球〟探索を再開するよう命じた。ギャラクティカのみが占領下の人々を救出すべくニュー・カプリカへ戻り、ペガサスは2千人の人々と共に地球を目指して出発すべきだと言うのだ。「愚かかも知れんが……私は戻る」。アダマ艦長は断言した。もはやこれ以上、引くも譲るもない。父と子は、別々の道を歩むことにしたのだ。どちらの道も険しい。だが、どちらの道が絶望的かは言うまでもない。ギャラクティカは、以前の半分以下の戦力で敵地へ飛び込もうというのだ。

作戦開始直前、準備であわただしいギャラクティカの格納庫で、リー艦長は思い切って父に本音を吐いた。「どう言えば、（無謀な作戦を）やめてくれるんだか」。思いつめたように父を見つめた。父の顔には、年輪のように深いシワが刻まれている。「やめろ、泣かせるんじゃない」と、アダマ艦長は顔をそむけた。「ここは、私の艦（ふね）だ」。リー艦長がギャラクティカを離れるとき、アダマ艦長は大声で号令をかけた。「気をつけ！　ペガサス艦長、離艦！」　その場で働いていたデッキクルーがピンと背筋を伸ばし、アダマ艦長と共に敬礼をする。父と子の、しばしの別れ。それはベテラン艦長から新米艦長への励ましでもあった。年老いた者から、未来を託された若者へのエールでもあった。

リー艦長を乗せた小型機ラプターが、老朽艦ギャラクティカを離れる。鉄と油の匂いの染みついた格納庫で、アダマ艦長は自分の仕事に戻った。この人類最古のバトルスターの艦だけが、乗組員から〝おやじ〟と慕われる男に残された、たったひとつの職場であり、人生のすべてだった。

■BSG62所属マーキュリー級バトルスター・ペガサス

■ヘレナ・ケイン艦長

コワルスキー（『クラッシャージョウ』より）

Kowalski

「連合宇宙軍大佐、第三特別巡視隊司令、コワルスキーだ。」

■コワルスキー大佐

惑星連合宇宙軍のコワルスキー大佐は、クラッシャーたちを「ならず者」「海賊ども」と呼ぶ。だが、それは大きな誤解だ。クラッシャーは非合法な仕事は引き受けないし、規約に違反するとクラッシャー評議会から営業資格を停止されることさえある。彼らには彼らなりの流儀もあれば、ルールもある。だが、実際にはクラッシャーは〝何でも屋〟扱いされているし、軍人からすれば怪しい稼業に見えるのも致し方ない。この時代、海賊行為は重罪だ。そしてコワルスキー大佐は重巡洋艦コルドバの艦長として、海賊撲滅に20年間も取り組んでいる。

さて、コワルスキー艦長によると、コルドバの主砲（ブラスター）はジョウたちの乗る宇宙船ミネルバを蒸発させるほど強力らしい。事実、惑星ラゴールの軌道上でマーフィ・パイレーツと対峙したときには複数の宇宙艦を次々と撃沈した。なぜこれほどの攻撃力を持った巡洋艦が海賊行為の臨検などに使われているのだろうか？　思うに、西暦2160年代には大きな戦争がなく、連合宇宙軍の艦艇は出番を失っていたのではないだろうか。そう考えると、コワルスキー艦長ほどのベテラン軍人が海賊摘発のため、気長に網を張っていたのにも納得がいく。また、連合宇宙軍情報部二課のバード中佐にうまくおだてられ、渋々ながらジョウたちを釈放してしまったのも頷ける。連合宇宙軍のなかでも、コワルスキー艦長の属する第三特別巡視隊は閑職なのだろう。当然、組織内の規律は緩む。そのわりに装備だけは一級品なため、あっさり身内に利用されてしまうのだろう。

しかし、コワルスキー艦長は合法的にコルドバという戦力を役立てているし、海賊摘発に飽きているようにも見えない。表向きにも、職業理念からも「重巡洋艦の艦長」という役職を十全に機能させている。仕事とは、見知らぬ誰かの役に立つこと。そして、自分の身分をわきまえて職域を超えないことだ。コワルスキー艦長が健全な仕事人、まっとうなプロなのであることは、その堂々とした態度を見れば充分に分かる。彼はお調子者だが、嘘はつかない。嘘をつかずに仕事をやりとげられるなら、それは社会が健やかである証なのである。

HEAVY CRUISER CÓRDOBA

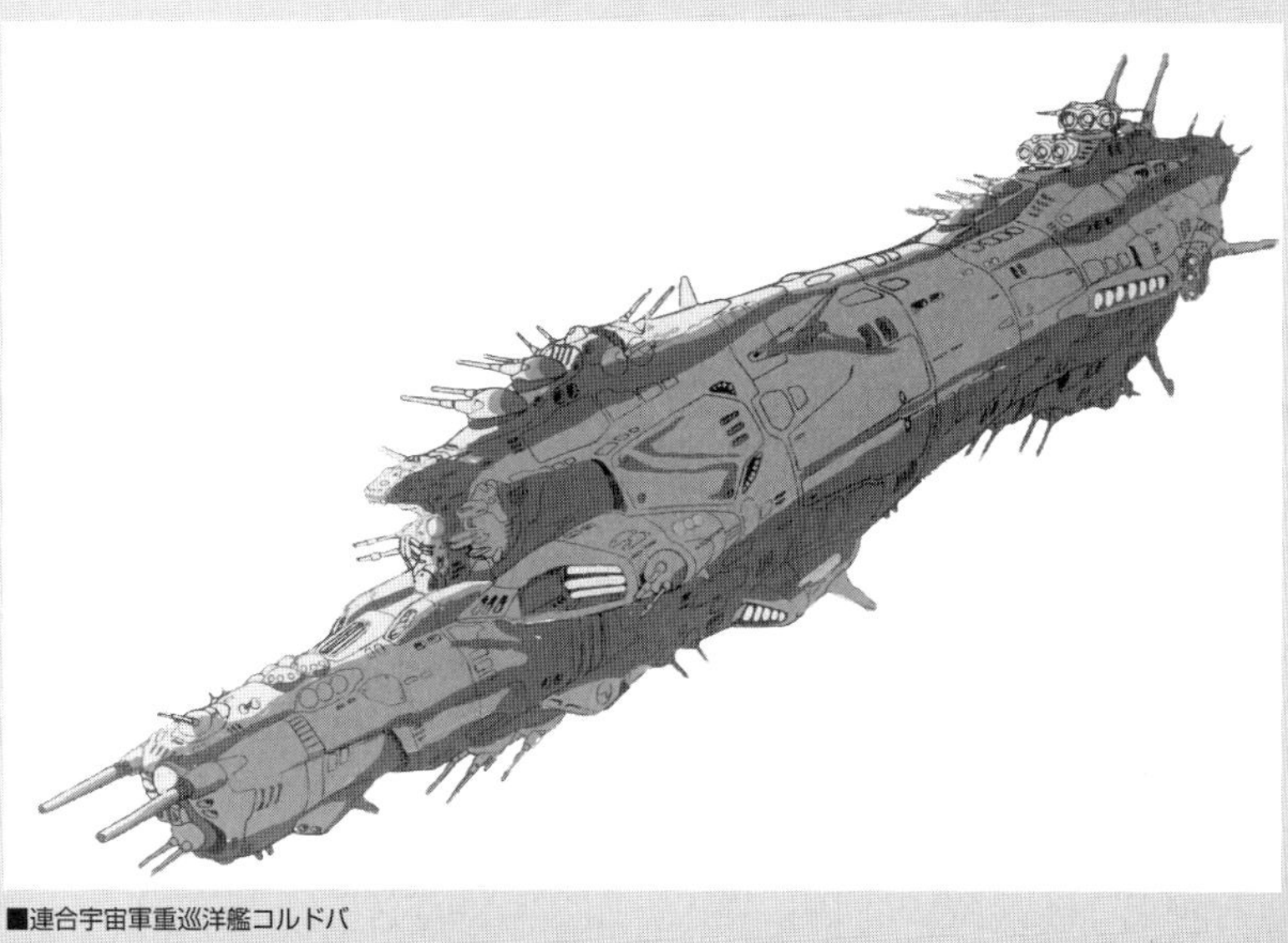

■連合宇宙軍重巡洋艦コルドバ

廣田恵介

1967年生まれのフリーライター。月刊モデルグラフィックス誌に「廣田恵介の組まず語り症候群」を連載中。情報webサイト「アキバ総研」ではプラモデルや食玩、あらゆる立体物のメーカーや作家に取材した「ホビー業界インサイド」を連載。「メカニックデザイナー大河原邦男展」の図録など、アニメ関連の仕事も多い。

俺の艦長
廣田恵介／著
税込1728円　一迅社／刊

STAR TREK

新スター・トレック
スター・トレック：ディープ・スペース・ナイン

『新スター・トレック』（写真上）
『スター・トレック：ディープ・スペース・ナイン』

1966年から'69年にかけて3シーズンが放映された『宇宙大作戦/スター・トレック』（通称：TOS）は、再放送で人気が上昇。映画『スター・ウォーズ』（'77）の大ヒットによるSFブームの波にのって『スター・トレック』（'79）として映画化された。同作は興行的には及第点であったが、旧来のファンは新作ＴＶシリーズを渇望する。その結果、87年からスタートしたのが『新スター・トレック』（通称：TNG）であった。シリーズは、オリジナルのTOSの時代よりも80年後が舞台。登場キャラクターも一新された次世代の物語であった。主役メカU.S.S.エンタープライズも、初代から数えて5代目。その内容はTOSの精神を受け継ぎ、人類の希望的未来を描いたシリーズとして評判となった。このTNG第6シーズン放送中の'93年1月からスタートしたのが『スター・トレック：ディープ・スペース・ナイン』（通称：DS9）である。DS9は希望的未来を描いたTNGとは異なり、辺境の宇宙ステーションDS9を舞台に、星間同士の陰謀などを暗くハードに描いた内容で、TNGが光ならば、DS9は影のような存在だった。しかし、この違いこそが互いの魅力を引き立てていた。両作品のクロスオーバーも物語の世界観に広がりと深みを与え、SFドラマの金字塔となったのである。（写真はU.S.S.エンタープライズD）

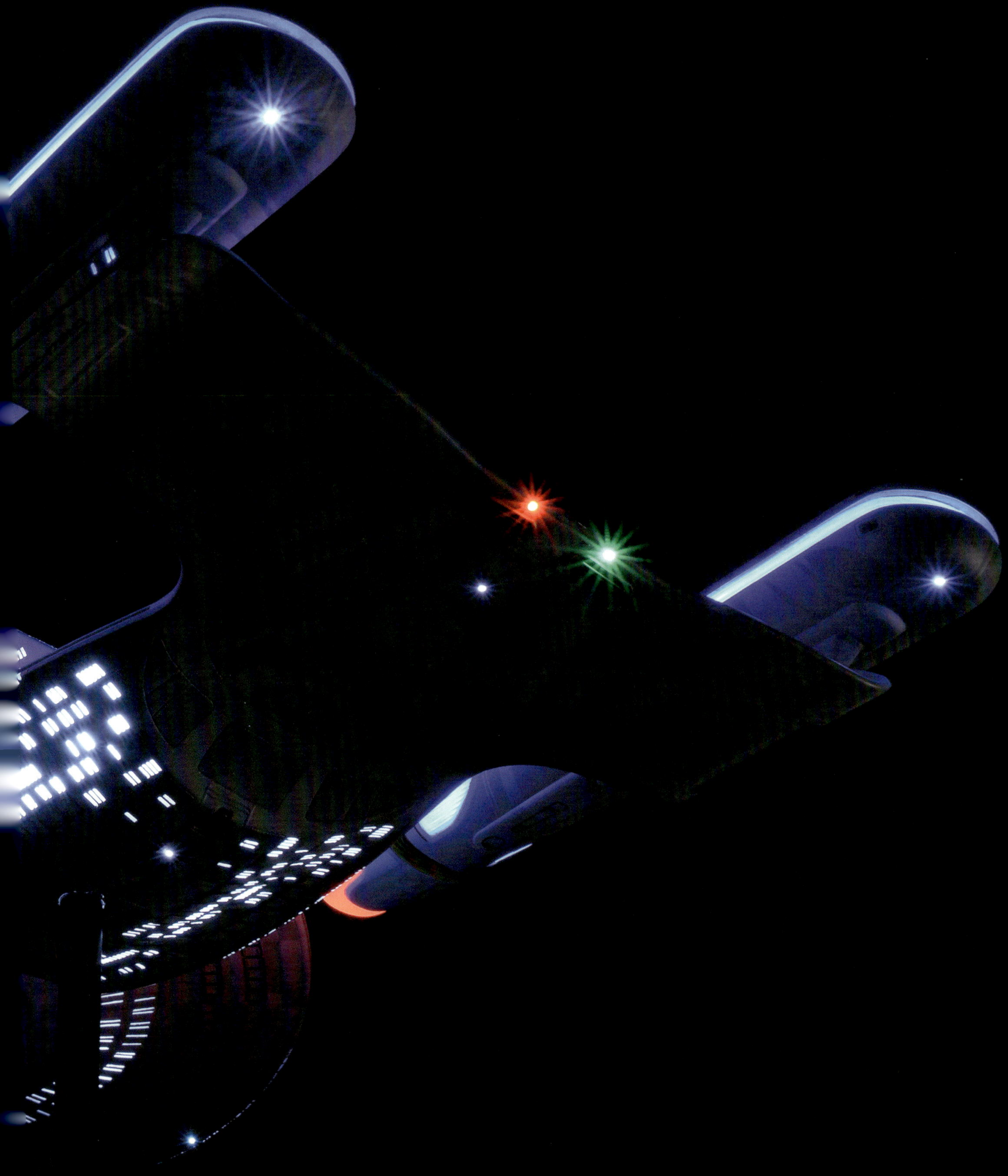

GALAXY CLASS STARSHIP
U.S.S. ENTERPRISE
NCC-1701-D

GALAXY CLASS STARSHIP U.S.S. ENTERPRISE NCC-1701-D

●U.S.S.エンタープライズDは厳密には戦闘艦ではなく、探査艦である。このギャラクシー級は20年間の連続任務に耐えうる収容能力と、長期間の探査のために乗務員だけでなく、その家族やスペシャリストといった民間人を多数収容した。具体的には1000名のクルー及びその家族が乗り込んでいる

U.S.S.エンタープライズD (NCC-1701-D) 文／岸川 靖

U.S.S.エンタープライズDは惑星連合宇宙艦隊が24世紀、深宇宙への探査任務や軍事力増大を目的として開発したギャラクシー級宇宙船である。全長641m、全幅470m、総デッキ数42という大きさは、宇宙艦隊最新鋭にして最大の宇宙船となった。U.S.S.エンタープライズDは、ギャラクシー級のプロトタイプであるU.S.S.ギャラクシー、U.S.S.ヤマトに続く３番艦として、太陽系にある惑星・火星の衛星軌道上にあるユートピア・プラニシア造船所で建造され、2363年に就役している。船体は最上部にブリッジを有する楕円の第１船体、下部の第２船体、さらに円筒状のワープナセルから成る構造となっている。艦名であるエンタープライズは、宇宙艦隊旗艦として栄光ある艦名で、艦長には地球人ジャン=リュック・ピカード大佐が任命された。U.S.S.エンタープライズDは、その優美なスタイルは銀河の白鳥とも表されている。ちなみに、「D」というアルファベットは、23世紀に初のファイブ・イヤー・ミッション（５年間の調査飛行）を行なったエンタープライズから数えて５番目で、初代がコンスティチューション級重巡洋艦であるU.S.S.エンタープライズ。なお、同艦はファイブ・イヤー・ミッション終了後、改装されたが任務中に爆沈を遂げている。そのため、建造中であったU.S.S.ヨークタウン(NCC-1717)がU.S.S.エンタープライズに改名されている。このとき、旧コンスティチューション級エンタープライズと区別するため。艦名のレジストリ・ナンバーの末尾に「A」とつけられている。その後、U.S.S.エンタープライズの名は代替の新鋭艦へと引き継がれるたびに、レジストリ・ナンバーの末尾に「B」、「C」と付けられ、５隻目のエンタープライズに「D」と付けられている。なお、初代U.S.S.エンタープライズには、円盤状の第１船体と葉巻状の第２船体の分離機構が設定上あったが、シリーズではその分離映像は描かれず、TNGのパイロット版にて初めて映像で描かれている。

●船の円盤部にはメイン・ブリッジ、コンピュータ・コア、医療室、サイエンス・ラボ、クルーの居室等が集合しており発光する窓やハッチも密集している

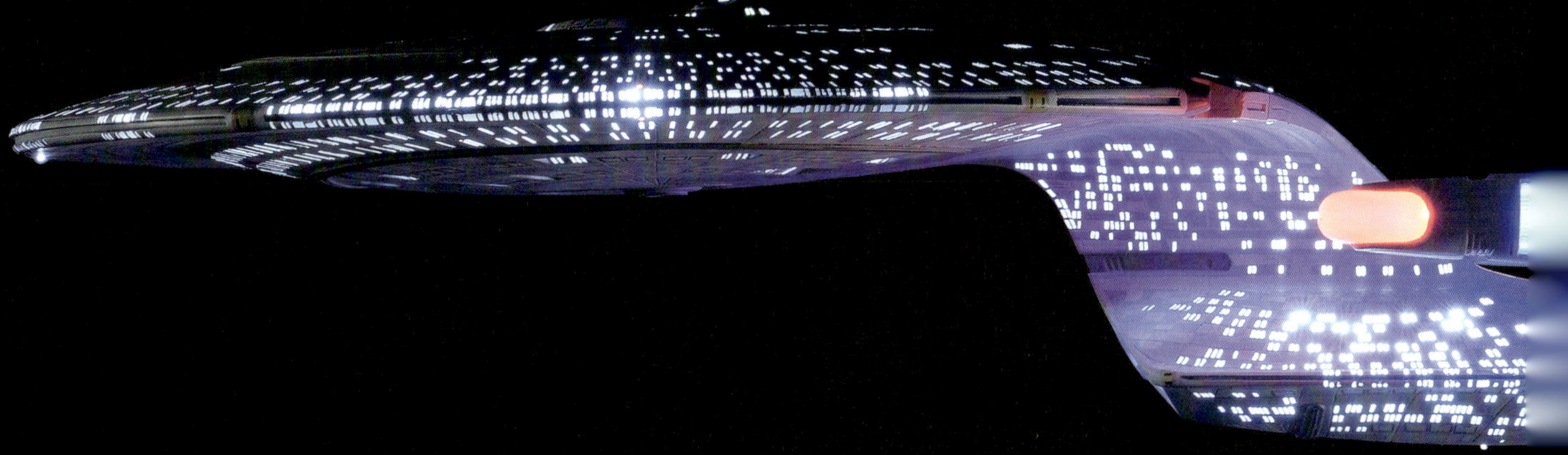

エンタープライズ NCC-1701D
クリアーバージョン
AMT 1/1400
出典／『新スター・トレック』
インジェクションプラスチックキット
発売中　税込1万584円
㊐プラッツ
☎054-345-2047
製作・文／ROKUGEN

U.S.S. ENTERPRISE NCC-1701-D

USSエンタープライズD

光る宇宙艦船の代表格といえば『スター・トレック』シリーズに登場する歴代エンタープライズ号だろう。ワープナセルを輝かせながら飛ぶ姿はどの艦も独特の美しさを誇っている。ここではジャン・リュック・ピカード艦長の座乗艦である『エンタープライズ NCC-1701-D』をフル電飾で製作。その美しさを堪能していただきたい。

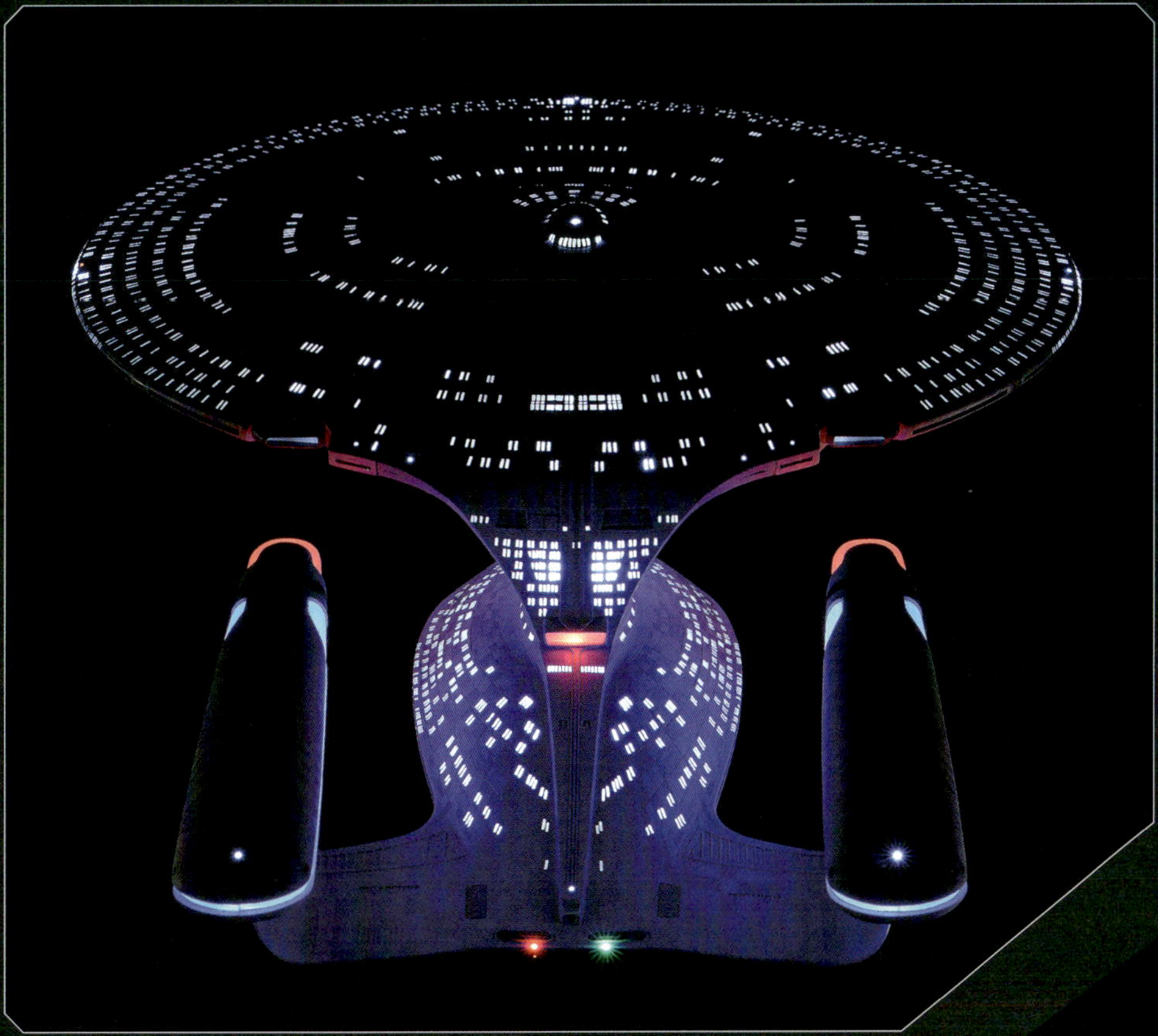

●じつはバックショットもエンタープライズ号の美しいフォルムを堪能できるアングルだ。ワープナセルの灯がLEDで均等に光っているのもみどころ

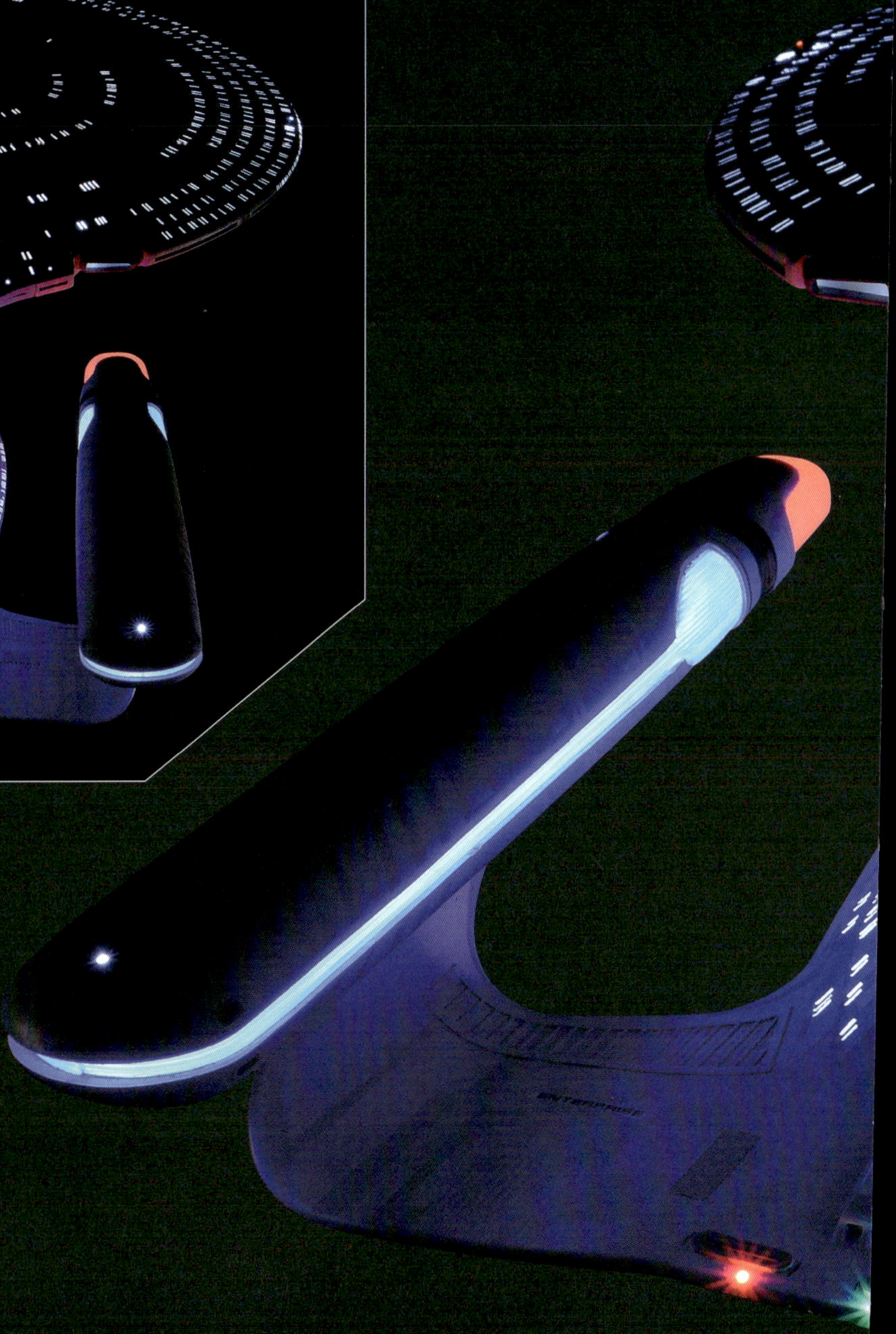

●エンタープライズ号の魅力あるアングルのひとつ。あらゆる光が均等に発光しているのもこのモデルの優れた点である。まさに輝く虚空の城といえる

NCC-1701-D

CLASS STARSHIP

U.S.S. ENTERPRISE

NCC-1701-D

GALAXY

●表面を覆うアズテックパターンはすべてマスキングによるエアブラシ塗装だが、それぞれに彩度に差の少ないグレーを使うことで、641mという巨大艦の雰囲気を醸し出している

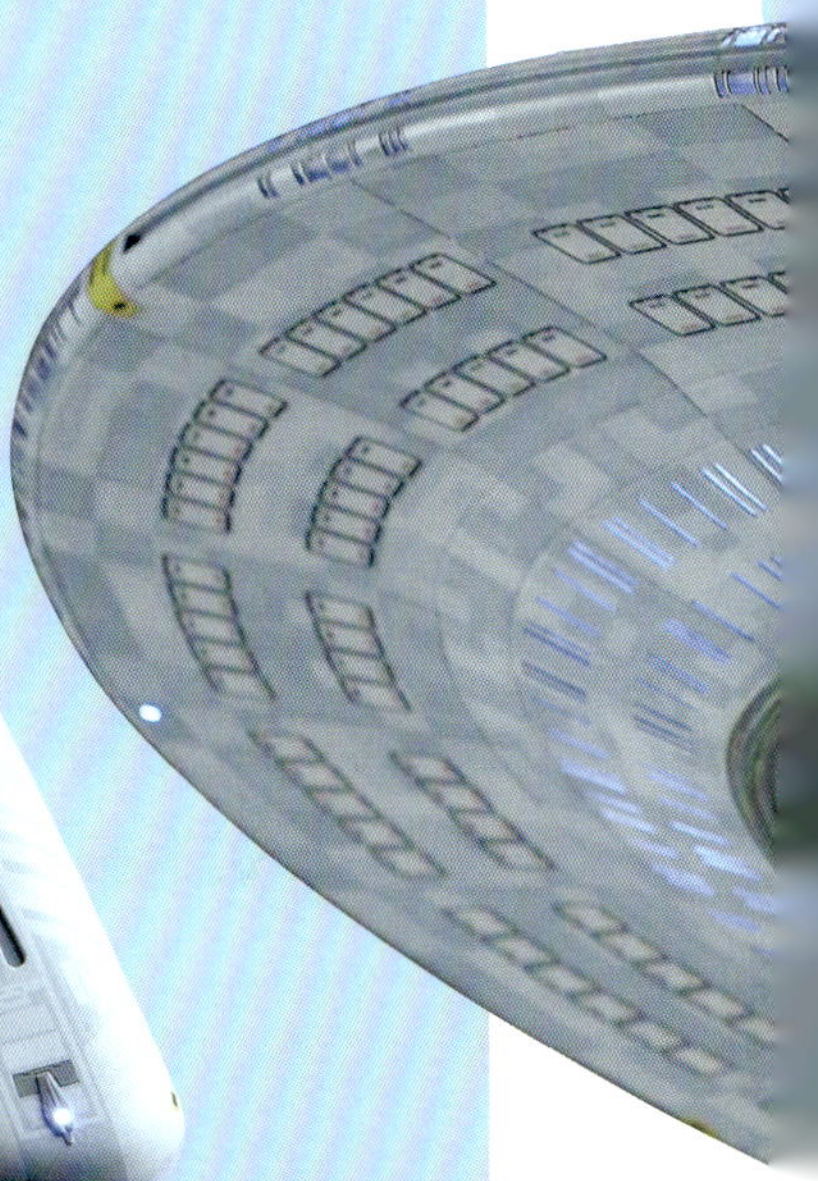

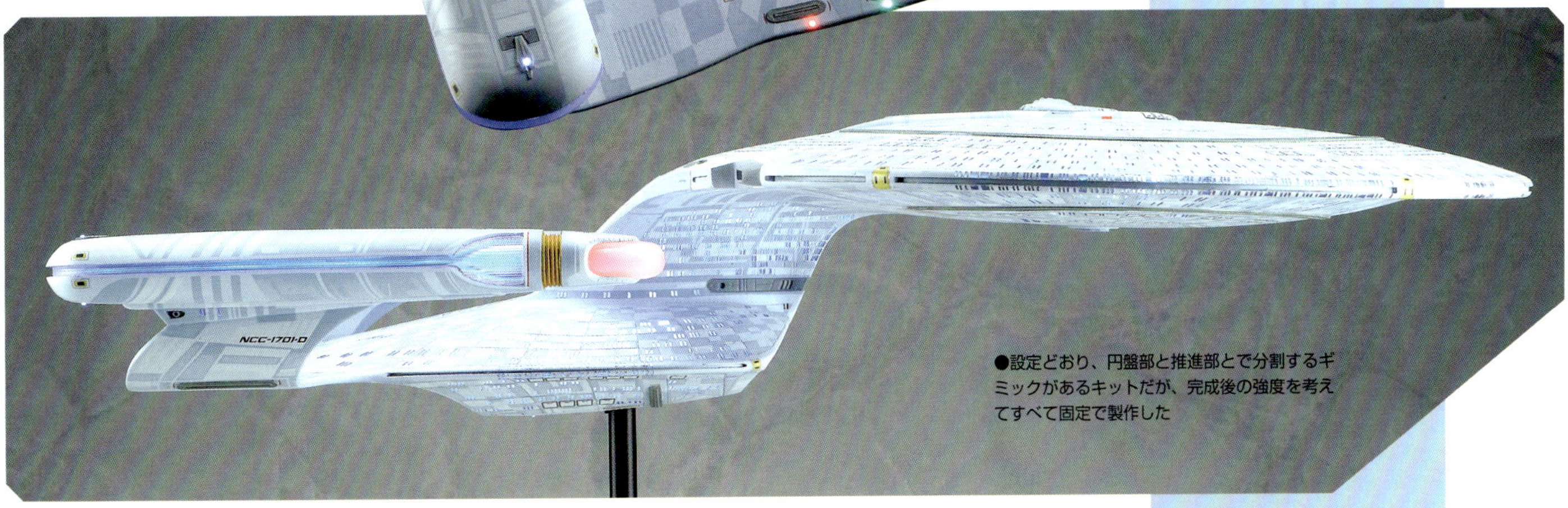

●設定どおり、円盤部と推進部とで分割するギミックがあるキットだが、完成後の強度を考えてすべて固定で製作した

夢のクリアーキットフル電飾に挑戦

文／ROKUGEN

『新スター・トレック』に登場するジャンリュク・ピカード艦長が乗るエンタープライズ号、ギャラクシー級1701・Dを製作します。

AMTからときおり再販される1／1400 USSエンタープライズDは完成すると全長46㎝になる大型キットです。2010年にはすべてクリヤーパーツで成形された船体、船体全面用アズテックパターンデカール付属と豪華な内容のバリエーション製品も発売されました。これは大量の窓の穴明けをせずとも電飾が楽しめるのですが、モールドにいくつか気になる箇所がありました。そこで気になるところをいくつか改良して1994年公開の、劇場版7作目にあたる『スタートレック・ジェネレーションズ』に登場するD型艦に近づけて製作したいと思います。

まずは最初の大仕事1、表面に凸モールドさせているアズテックパターンを、窓の凹モールドが消えない程度に平ノミやオルファの〝別たち〟をほぼ垂直にキットに当てて、慎重に削り落としていきます。キットは厚めのクリアープラスチックパーツなので、無理な力を加えるとクラックが入ってしまうので要注意です。表面がツルツルになったらスジ彫りとモールドの再生をします。おもな改良点は円盤部、第二船体の双方のインパルスエンジン、フェーザーバンクの作り直しなど。エッジの緩くなったところもシャープに仕上げます。

完成すると船体は船首円盤部が重くバランスが悪いので、支柱に固定の際の工夫が必要です。9㎜のアルミパイプ支柱を船体に10㎜程差し込むようにして接点を多くとり支柱先端に取り付けた電源プラグを差し込むことで固定、支柱を支える台座には重りを入れてバランスを取っています。キットは円盤部と第二船体が分離できるようになっていますが、接着して船体強度を上げています。

さて見せどころとなる電飾。キット全体がクリアー成形なので、内部をまんべんなく光らせてマスキング後、遮光して剥がせば夢にまで見た窓発光ができるわけです。

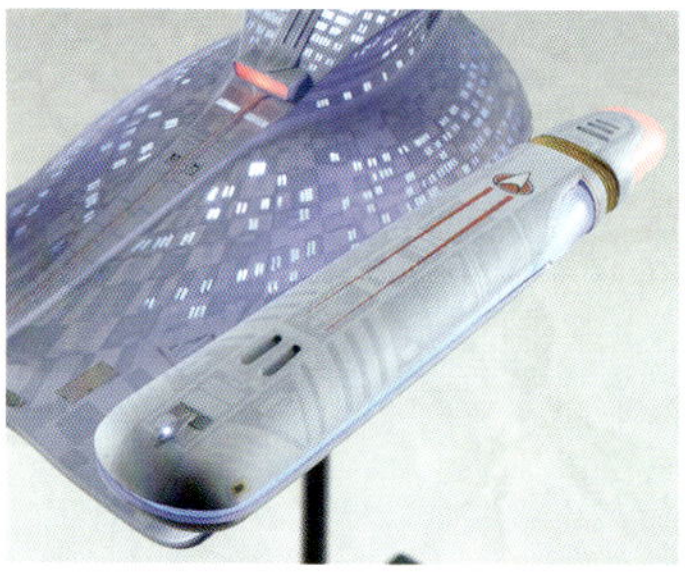

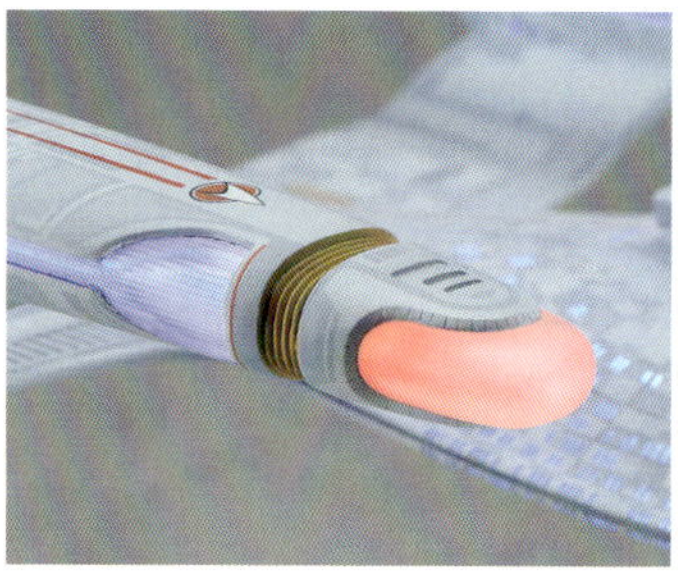

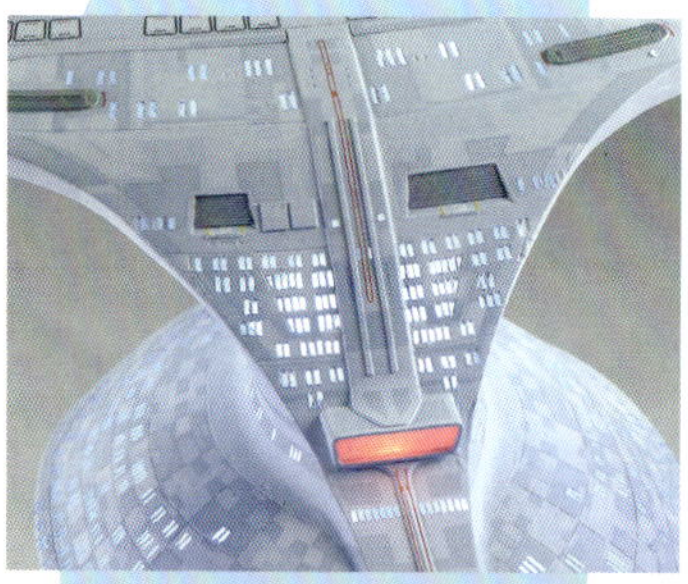

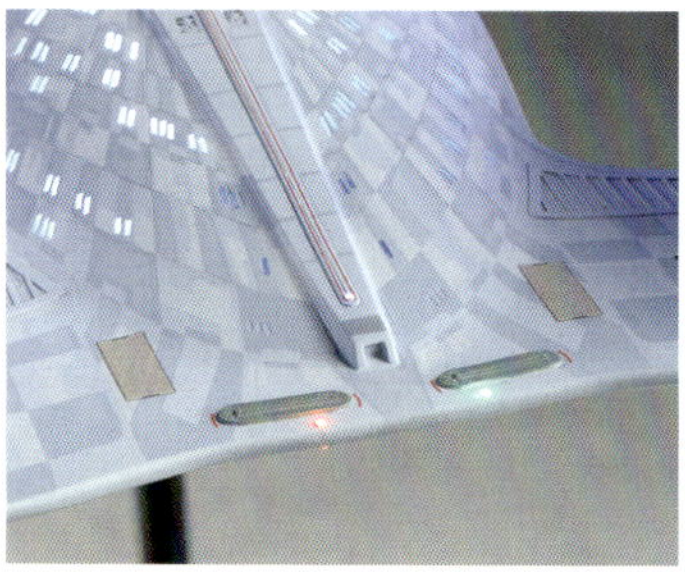

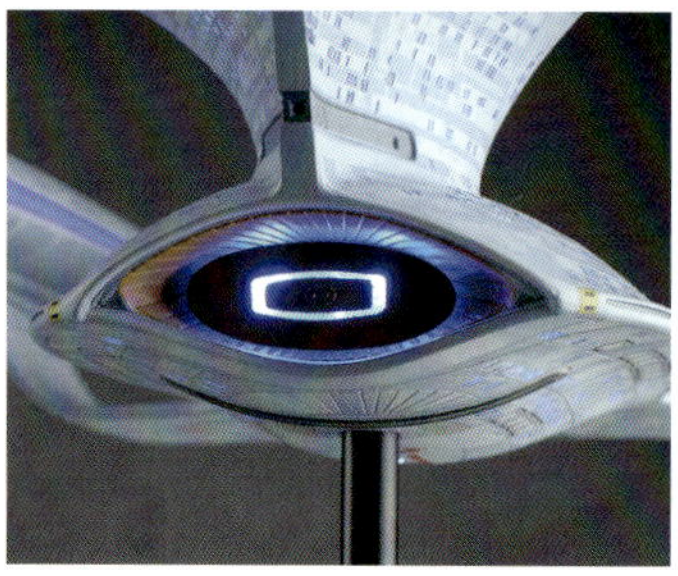

劇中のD型の窓はところどころ消灯していますが、せっかくですからすべての窓が光っている状態を見たいと考えました。

LEDは全部で45個使いました。窓やワープナセル、ディフレクターは広角120度の角形タイプLED。航行灯、インパルスエンジンは1608のチップLEDを使用しています。ACアダプターから12V電源をとり、定電流ダイオードCRD・153を通してLEDを発光させています。ワープナセルの青色発光は、LEDを使いながらも蛍光管やネオン管のような均一の発光を再現したいと考えて、プラパイプの内部にLEDを等間隔で6個配置して両サイドをドーム状にフタをした、発光する円筒を作りました。これでライトセイバーのような発光が得られます。

後部航行灯の赤、緑の発光はプラパーツの厚みが2・5㎜しかないのですが、上下に1608LEDを埋め込みたいので、0・1㎜厚のシール基盤を使用して配線を通しました。

船体からワープナセルへの配線は2・5㎜厚しかないプラパーツに1・5㎜の深さの溝を彫り、航行灯用とワープナセル用の2系統の配線を埋めています。航行灯は点滅してほしいので点滅回路はタイマーICである555Nを使用しました。円盤部に回路基板を置いてシャトルベイハッチをマグネットで取り外し式にして点滅スピードの調整が行なえるようにしておきました。

大仕事その2・塗装に入る前にアイズプロジェクト製の0・7㎜マスキングテープを使用して船体表面に広がる2000個を超える窓をすべて塞ぎます。これは本当に地道な作業ですが、マスキングがよれたり曲がったりするとたんに目立ってカッコ悪くなります。気を抜かずに、それぞれのテープが艦体に対してまっすぐになっているか確認しながら貼っていきます。ほかにワープナセルやディフレクターなどほかの発光部分もすべてマスキングします。

塗装はまずガイアノーツのエヴォブラックサーフェイサーを吹き、LEDを点灯させながら光漏れがないか確認。漏れがあれ

クリア成形を活かし、エンジン、スリット、窓を電飾化

❶船体は表面にアズテックパターンの凸モールドがびっしりと入っており、塗装で仕上げるにもデカールを使うにも邪魔なので削り落とす。船体上下のみならず、推進部、ワープナセル表面の凸ディテールもすべて削り落とした。❷ワープナセルは本体と先頭の透明パーツとの合いが悪るく隙間ができてしまう。表面を削り込むとともに透明パーツも削り込んで形状を整える。散光のために表面が曇ってよいので納得いくまで削って形状を整える。❸先端にLEDを仕込み、白色LEDを仕込んだ上から赤色フィルターを被せて色を調整する。❹パーツの厚みが2.5㎜しかない船体後部に航行灯を植える。同じ位置の上下でそれぞれ赤、緑で光らせるために、シール基板とよばれる0.1㎜厚の薄型の基板にチップ1608LED（厚み0.5㎜程度）をハンダ付けしたものを1.5㎜幅に彫った溝に埋める。同様にワープナセルからの配線も船体に溝を彫って埋める。その上からエバーグリーンのプラ材でディテールを追加。❺艦首ディフレクター部分には青色LEDを4本使用。艦首ディフレクターはCDケースを削りだしたものに伸ばしランナーをつかって作り直している。中央の白いプラ板によるブロックは模型を支える支柱を受けつつ電源ソケットの差し込み口となる部分。❻エバーグリーンのプラパイプに前後から3個、合計6個の角型LEDを挿入し、パイプ自体がある程度均等に光る管を製作。これをワープナセルのなかに埋める。❼電飾工作の仕上げ状態。透明パーツでできた模型を光らせる場合、通常の電飾模型に比べて内部の配線を整理、整頓する必要がある。配線や基板自体がほかの発光部に陰を落とす場合があるからだ。電飾、配線が終わっても最終的にチェックしてケーブル類の通す位置を修正する必要がある。円盤上面のシャトルベイ部分に円盤部インパルスエンジンのON/OFFやフォーメーションライト点滅速度調整などのスイッチを配置した。❽アイズプロジェクトの0.7㎜幅のマスキングテープを均等に切り窓枠に貼り付けていく。❾下地塗装のあと、アズテックパターンをマスキングする

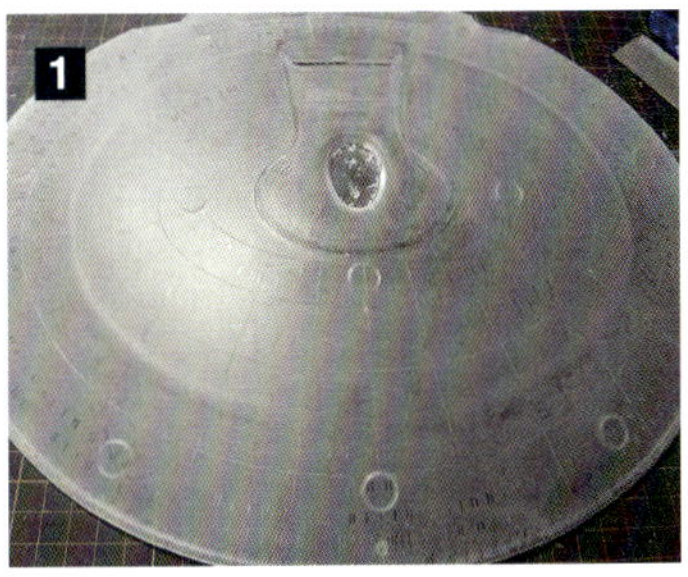
1

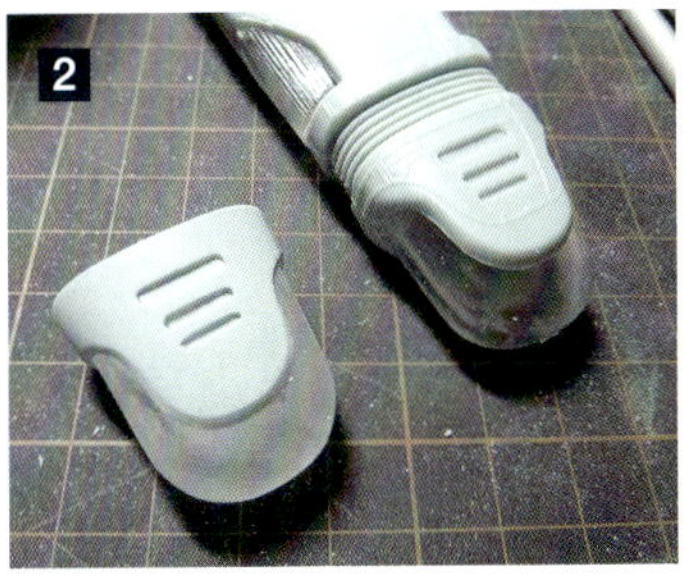
2

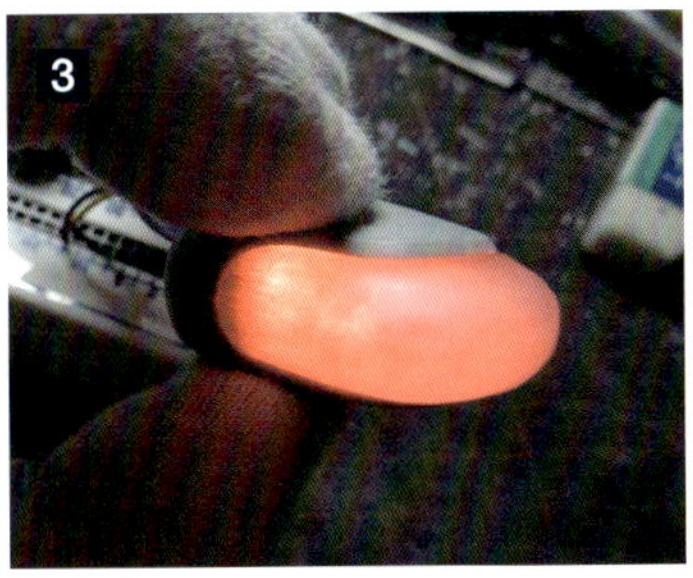
3

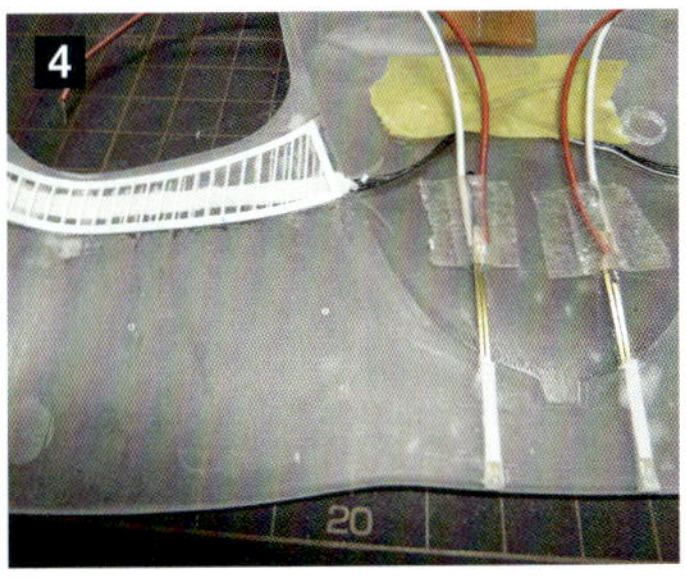
4

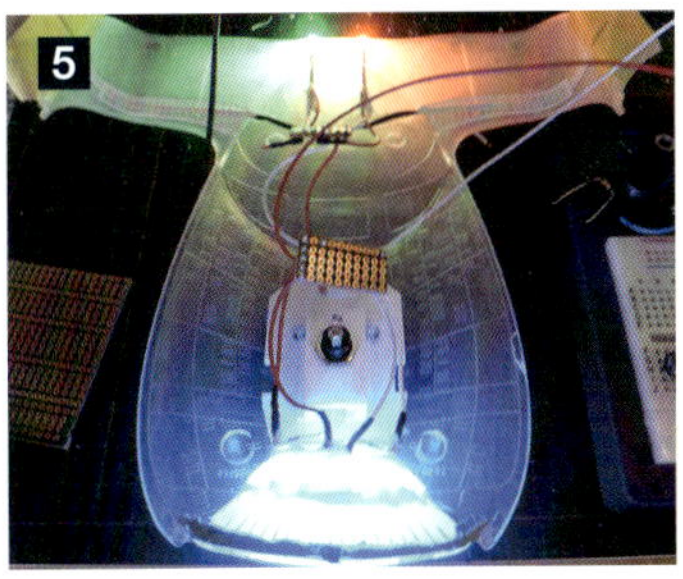
5

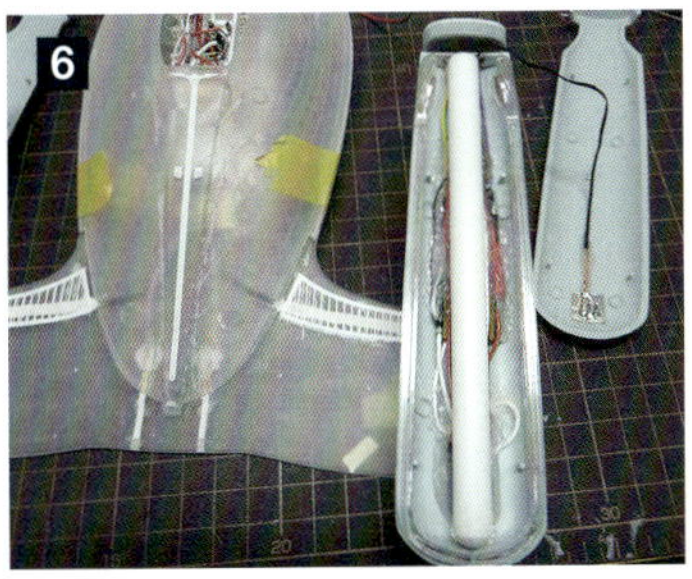
6

7

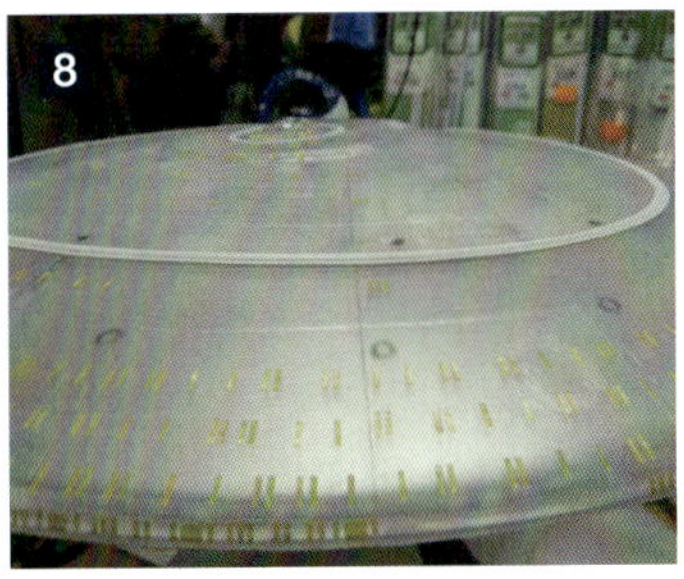
8

9

ば、再度エアブラシで塗装します。この作業を数回繰り返しますが、エアブラシで吹ききれないところは筆塗りで遮光します。

船体の塗装ですが、エンタープライズ号の表面には、アズテックパターンと呼ばれる独特の模様があります。模型ではこのパターンの再現がキモとなります。このキットにもデカールが付属しており、劇場版D型の4色アズテックパターンを見事に再現してありますが、今回はそれを使わず、あえて塗装で挑戦したいと思います。

GSIクレオスのMr.カラーのクレオス308番グレーFS36375を基調に白・赤・青を加えた基本色を全面に吹きます。そうしたらアズテックパターンのマスキング開始です。デカールと資料画像を参考にしながらマスキングテープをカットしたものを、どんどん貼っていきます。やみくもにマスキングテープを切り出しても不揃いになりますので、別に用意したプラ板に、ミリ単位でスジ彫りをしておき、そのスジ彫りをガイドに、ナイフでテープカットする方法が役立ちました。全体をマスキング後、基本色とは別のグレーを塗装し、乾燥後にマスキングをすべて剥がします。その後再び、全体に別のパターンでマスキングして別なグレーを塗装、そしてこれをまた剥がします。これを、合計3回繰り返して4色からなるアズテックパターンを再現しました。

すべての塗装が終わったら、最初にマスクした窓枠のマスキングテープを剥がしていきます。この時点ですでに上に乗っている塗料はそれなりの厚みになっていますので、乱暴に剥がすと不用意に塗装が剥がれる場合がありますので、これまた貼ったときと同様に一枚一枚ていねいに剥がしていきます。必要であればナイフで切れ目をいれてから剥がしてやるといいでしょう。ワープナセルなどの発光部のマスキングも剥がします。

最後に脱出ポッド部分、船体番号とロゴ、転送装置などへのデカールを貼って、乾燥後に全体をマットクリアーでトップコートして完成です。■

CARDASSIAN
GALOR CLASS SHIP

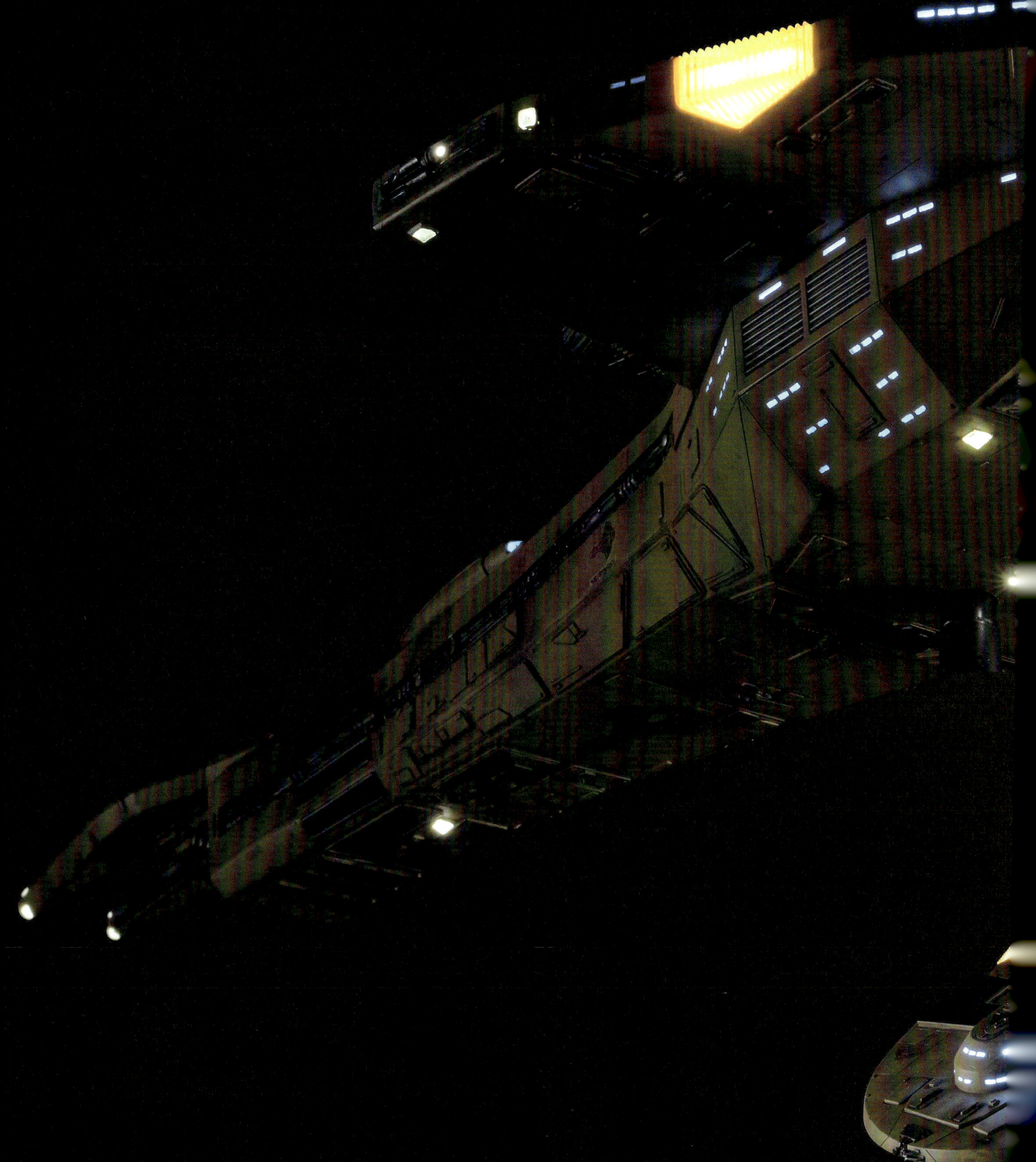

『新スター・トレック』で初登場し、『スター・トレック：ディープスペース・ナイン』でその全容を明らかにしたカーデシア人たちの主力艦が、ガロア級だ。ここではその決してメジャーではない登場艦を、その最初期に発売された模型をベースに仕上げた作品をご覧いただく。

CARDASSIAN GALOR CLASS SHIP

カーデシア ガロア級巡洋艦

カーデシア　ガロア級
AMT nonscale
出典／『STAR TREK DEEP SPACE NINE』
インジェクションプラスチックキット
製作・文／**ROKUGEN**

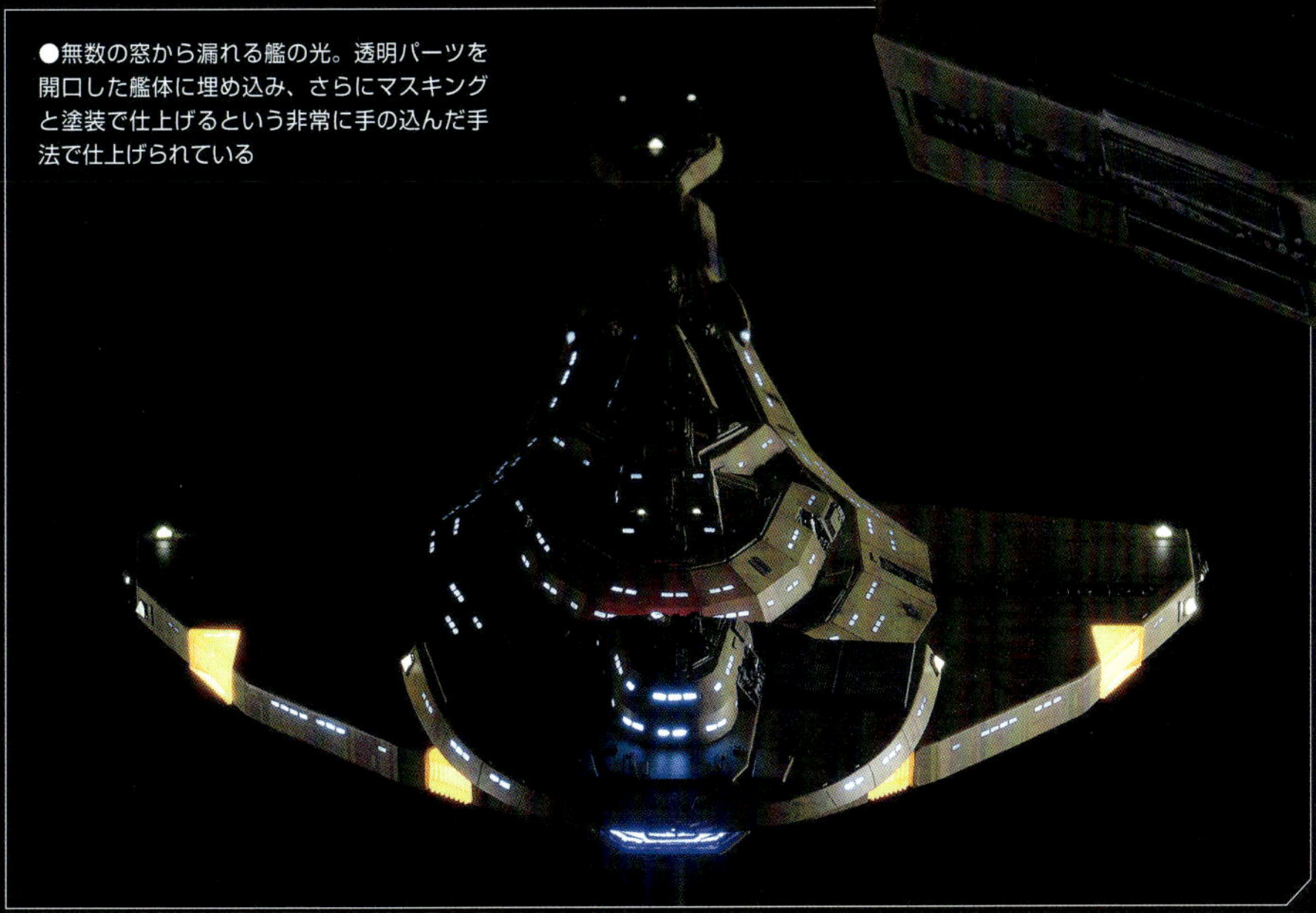

●無数の窓から漏れる艦の光。透明パーツを開口した艦体に埋め込み、さらにマスキングと塗装で仕上げるという非常に手の込んだ手法で仕上げられている

●オレンジのワープエンジンや赤いノズルのように、ボックス状に大面積を均一に発光させるのも非常に工夫のいる電飾テクニックだ

ガロア級巡洋艦

文／岸川 靖

ガロア級は、カーデシア連合の軍隊が保有する巡洋艦である。全長371.88m、全幅192.23mで、艦船としては中規模。カーデシア連合の主力艦であり、3隻で艦隊を編成して行動することが多い。艦の運用を司るブリッジは、船首ブロックの最上部に位置している。このガロア級はクリンゴン・バード・オブ・プレイと同じように、艦形は同じだが、大きさが異なるものが3種類確認されている。なお、等級だが、巡洋艦、戦艦、駆逐艦と異なる呼称が用いられており（本国でも日本語吹き替え版でも、不統一）、DS9におけるドミニオン戦争では駆逐艦に分類されていた。運用方法を見ると、艦形が前部に武装を集中させているトップヘビーであることから、突撃艦として扱われることが多いようだ。主武装はガロア級フェイザー砲（※日本語吹き替え版ではプラズマビームと呼称）で強大な破壊力を持つ。また、強固なデフレクターシールドを転換し、ロミュランから技術供与された遮蔽装置を持つため、感知しにくい艦である。STシリーズにはTNG、DS9、VGR（『スター・トレック　ヴォイジャー』の通称）の3シリーズに登場している。ガロア級最初のキット化は1996年に米国AMT/ERTLから発売された1/750スケールのものが最初で、その後、2013年に「3ピース スター・トレック：ディープ・スペース・ナイン　セット」として、U.S.S.サラトガ、U.S.S.ディファイアントと一緒にプロトタイプのガロア級が1/2500スケールの3隻セットとしてリリースされている。STの敵メカとしての人気はケイゾン・レーダーやケイゾン・トーピードと同じくらいで、クリンゴン戦艦（D-7級）などに比べると高いとは言えない。上から見た艦形はカーデシアの紋章に似ている。

CARDASSIAN
GALOR CLASS SHIP

CLASS SHIP

●キットのパーツ分割が船体を上下にわける、というもののため、表面処理、点灯部の開口、電飾工作が済んでから船体を貼り合わせるという手順を踏んでいる。グレーのサーフェイサーを全体に吹いたあと、メタルカラーの発色をよくするため、ツヤありの黒で全体を塗装。この際に点灯させて思わぬところからの光漏れがないか確認しながら遮光塗装を進める。基本色を塗装したあとは、表面のパネル状に色が違う部分をマスキングで覆いながら薄い目の機体色で機体を塗装して船体のこまかな模様を描いていく。またパネルのモールドに沿ってマスキングしてシェードを吹く「パネルシェーディング」塗装も行ない、表面の情報量を上げている。艦体に描かれるカーデシアの紋章もマスキングとエアブラシで描かれた。仕上げにエナメル系塗料に数種によるスミ入れや汚し塗装をほどこしている

●艦体の一部にはアイアンで下塗りしたあとマスキングゾルをエッジ部分などに塗布。塗装終了後に剥がすことでメタルカラーのエッジが露出し、使い込んだ雰囲気を演出した

250個もの窓を均等に光らせるには……

文／ROKUGEN

TVシリーズ『新スター・トレック』『スター・トレック・ディープ・スペース・ナイン』『スター・トレック・ヴォイジャー』と続く流れのなかに登場するカーデシアの宇宙船、ガロア級を製作します。そのデザインは独特で、エイのようなフォルムで後部に向かって細くなっています。キットですが、1997年にAMT社から発売されたもので、完成すると全長42㎝になる大型キットで、クリアーパーツもほぼ再現されています（残念ながらその後、再販されていません）。

撮影用プロップ模型の画像を参考に、窓の発光などの電飾と塗装で劇中のように仕上げたいと思います。

まずは窓から加工していきます。窓はモールドされているものの、クリアーパーツではありません。そこでモーターツールを使って窓モールドをガイドに1㎜幅で開口します。この開口部にCDケースのクリアー部分を切り出してクサビ形状のものを作り、開口部に差し込んでタミヤの流し込み接着剤で固定していきます。パーツの内側にもある程度このクリアー部分が突き出すようにしておくのがポイントです。突き出した部分にMr．カラーのクリアーブルーで色を付け、白色LEDで船体内部を発光させて淡い青色の窓を表現します。開口してクリアー素材で充填し、発光させたい部分のみをマスキングする方法は、電飾をする上で応用度が高い方法です。

電源配線を兼ねた支柱は主船体中央に補強ブロックを組んで船体を支え、すべてこの部分に配線が集まるように組んでいます。主船体中央構造部をいったんカットし、マグネットで着脱式にして、半固定抵抗を設置。これでLEDの明るさの調整をしたり、タイマーICの555Nによる点滅回路の点滅速度の調整ができるようにしてあります。使用LEDは60個。12V電源で定電流ダイオードCRD-153を通してLEDを発光させています。

主船体前部にあるクリアーパーツの大型ディスラプターは劇中赤く光っている場面が多いのですが、箱絵と同じように発光す

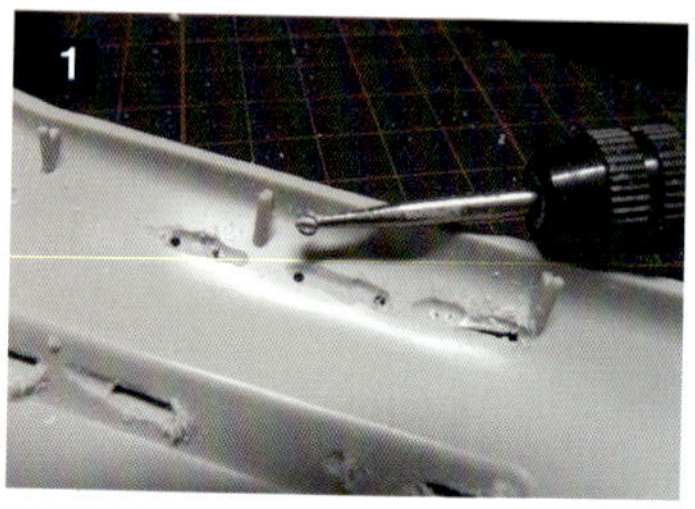

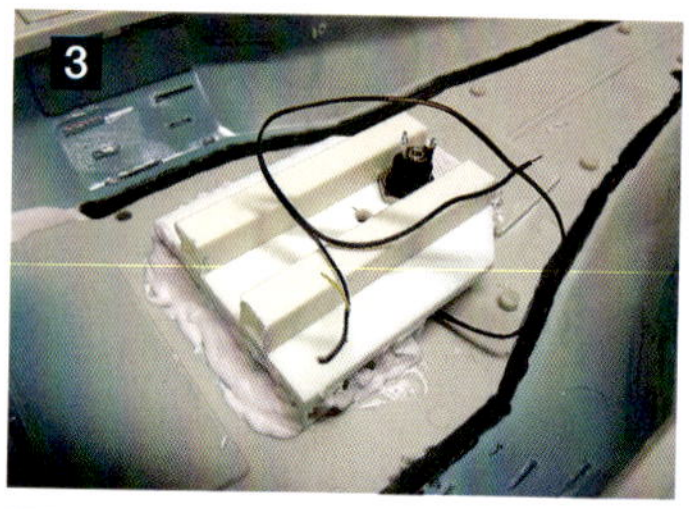

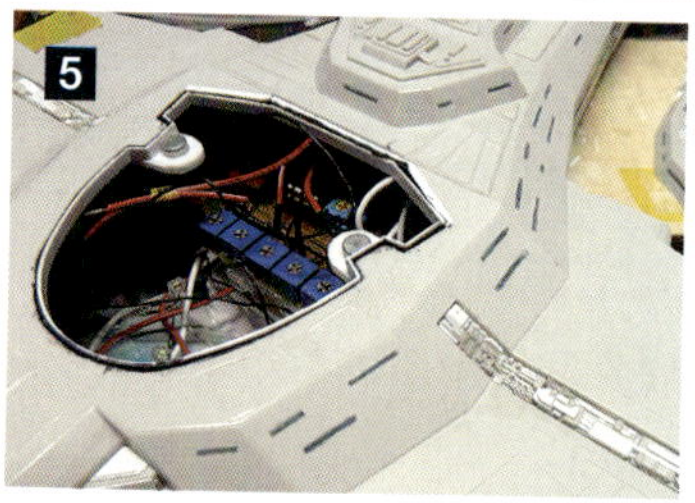

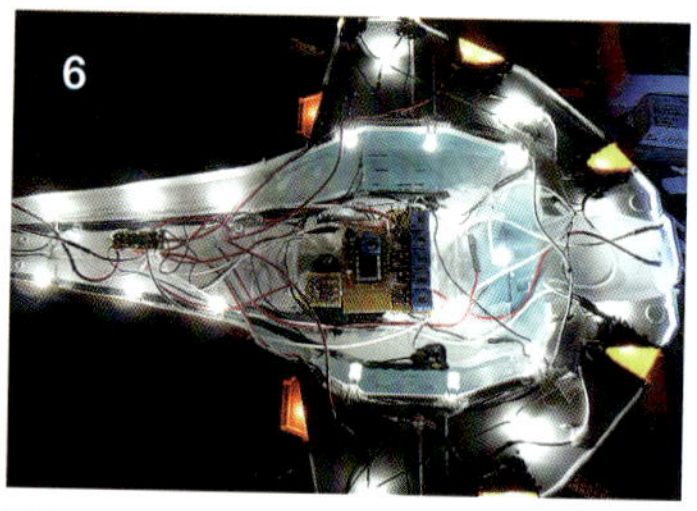

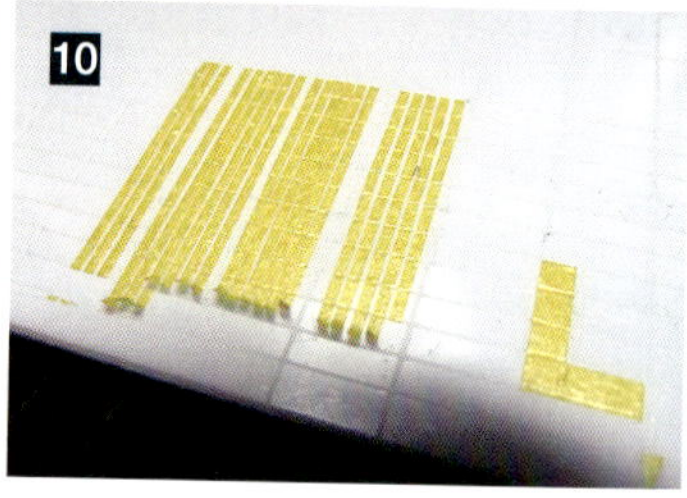

❶窓の開口には、まず1㎜径の穴を左右に開けて、それをガイドに裏と表からリューターで削り開口、表からデザインナイフで整形する。❷空いた窓枠にCDケースから切り出した透明パーツを差し込み接着。乾燥後に不要部分をカットし表から成形する。中央の艦橋部はメンテナンスハッチとするためにこのあと切り出す。❸透明パーツの内側にクリアーブルーで彩色しておく。艦の底面中央には、展示棒を受けるたけの内部構造体を設置。ディスプレイ時に重さがかかる場所だけに強度をもった接着をする。展示棒の先には電源ソケットをつけ通電のコネクターとする。中央の支持棒の受けまわりには電飾用の半固定抵抗やICなどを集めた基板を設置し、そこから各四方に配線がまわるように配置する。❹艦体のフチに存在するオレンジのワープエンジン部には透明パーツがあるので、プラ板でLED入りのBOXを作りそれに透明パーツを被せることで光源が直接見えないように工夫した。固定は『黒い瞬間接着剤』を使用。ほかに窓の点灯用に白いLEDも内部に設置。❺艦体の上下が固定されると、先ほど切り離した艦橋部分から半固定抵抗などを設置した基板をいじることができる。艦橋のとりつけはネオジム磁石を使う。❻発光テスト。白いのが窓を光らせるLEDを配置した位置。LEDは直接窓を照らすのではなく、船体内部全体を光らせる配置を考えている。❼それに艦体を閉じるとこのように窓が発光する。どの光源も直接見えないようにしてある。窓、ワープエンジン、スラスターエンジン、メインディフレクターフォーメーションライトなど合計43個のLEDを使用。LED同士は光が干渉しないように内部でも遮光している。❽❾表面は多数のモールドのせいでヒケが目立つのでいったんディテールを削り落とし、表面処理をしたあと、プラ材などでディテールを復活させている。高低差を付けるのがミソ。❿窓のマスキングはすべて同じサイズにしたいので必要な長さの溝を彫ったプラ板を準備。そこにテープを貼り付け、溝にそってカットすることで均一な長さを切り出した。窓の発光サイズを彫った穴や差し込んだ透明パーツで決定するのではなく、ここで切り出したテープが決定する。⓫艦体の塗装はマスキングとエアブラシで再現

るように青色LEDを4個配置して、光源が外からは見えないよう工夫しています。

すべての配線が終わったところで、船体の上下を接着して閉じてしまい、それから削り落とした表面の凸モールド部分にディテールを追加していきます。一段高くなっているパネルはさらに積層し高低差を付け、さらにこまかいモールドを追加して情報量を増やしていきます。プラ材を可能な限り小さくカットしてランダムに貼り付けると、巨大感を演出するには効果抜群です。この細かいプラ片の接着は、先に接着したい部分に接着剤を付けておいて、そこに置くようにしています。

塗装は、船首・主船体・後部の3つに分けて進行します。まず塗装前の準備として、窓を作るために埋め込んだクリアーパーツの上からアイズプロジェクトのマスキングテープ0・7㎜を2㎜長にカットしたものを貼っていきます。（全部で250枚。塗装後にこれらのテープを剥がすと、窓が完成します）。サーフェイサーを吹き、次にツヤ有り黒を吹いてからMr.カラーのメタルカラー・アイアンを吹き付けて磨きます。艦体基本色はMr.カラー113に白・赤・黒の混色です。黄色系なので軽い色にならないよう工夫しました。パネルの色分けはマスキングと塗装の繰り返しで、こまかく塗り分けています。惑星連邦艦と比べると、カーデシアの艦は船体が汚れているので、エナメル塗料を使用してスス汚れや弾痕などを表現しました。両サイドのゴチャメカや両翼のゴチャメカはアイアンの金属感をそのまま使い、重量感のある感じに仕上げました。

『スター・トレック』に登場する宇宙船は、惑星連邦艦・異星人艦とも窓があるものが多く、さらにワープナセル、ディフレクター、ディスラプターなど独特の発光部分数多くあり、電飾模型のお題としてはどれもやりがいのあるものと感じます。最近発売されている関連キットのなかには、劇中の発光部分がすでにクリアーパーツになっているものもあるので、電飾模型製作が未経験の方でも挑戦しやすいと思います。■

CARDASSIAN
GALOR CLASS SHIP

●艦首下の巨大な発光部は、キット付属の透明パーツにマスキングゾルで発光筋を描き遮光し塗装。乾燥後にマスキングゾルを剥がして再現

B'REL-CLASS SCOUT SHIP

N BIRD-OF-PREY

『スター・トレック』シリーズといえば、多彩な異星人のスターシップも見物。とくにクリンゴンのバード・オブ・プレイは劇中でもっとも活躍した異星人の艦といえよう。ここではAMTの非常に出来のよいキットを使って手軽に電飾する方法をみてみよう。

クリンゴン バード・オブ・プレイ
AMT　1/350
出典／『スター・トレック』
インジェクションプラスチックキット
発売中　税込6048円
問プラッツ
☎054-345-2047
製作・文／どろぼうひげ

B'REL-CLASS SCOUT SHIP クリンゴン バード・オブ・プレイ

クリンゴン バード・オブ・プレイ (Klingon Bird-of-Prey)

文／岸川 靖

クリンゴン・バード・オブ・プレイは、23世紀後半から24世紀にかけてクリンゴン帝国で使用された可変翼と遮蔽装置を持つ宇宙戦艦（等級は駆逐艦）である。一般的にはクリンゴン防衛軍の使用していたブレル級駆逐艦をベースに開発された艦であるが、そのフォルムは同じだが、大きさが異なるものがいくつも確認されており、正確な等級種別は不明である。もともとも、バード・オブ・プレイとは、猛禽類が獲物を襲うときに翼を広げた状態を指しており、ロミュラン帝国の戦艦にも同名の（艦形は異なる）宇宙船が存在している。船体にある大型の翼は、惑星降下時の大気圏飛行能力、惑星上への着陸時、さらに戦闘時に可変し、艦のポテンシャルを高めるためにある。ところで、なぜ、ロミュランと同じバード・オブ・プレイという名前が付いているのかというと、じつは初登場となった映画『スター・トレック3：ミスター・スポックを探せ』('84)で、当初、敵として登場するのはクリンゴン帝国ではなくロミュラン帝国であったからだ。撮影開始直前にロミュランからクリンゴンに変更されたが、あらかじめロミュラン帝国の新型バード・オブ・プレイとしてデザイン、及びミニチュアが発注されており、変更が難しかったため、そのまま使用されたことに由来している。遮蔽装置の装備も、ロミュラン艦のTV時代の設定が引き継がれていた。バード・オブ・プレイはSTの宇宙船では常に人気上位にあり、過去に何度もモデル化されている。なお、最初の撮影用ミニチュアは、特撮工房ILMにて製作され、その後、TVシリーズのTNGやDS9にも登場している。可変翼で表情をつけることができる、数少ない宇宙船でもある。

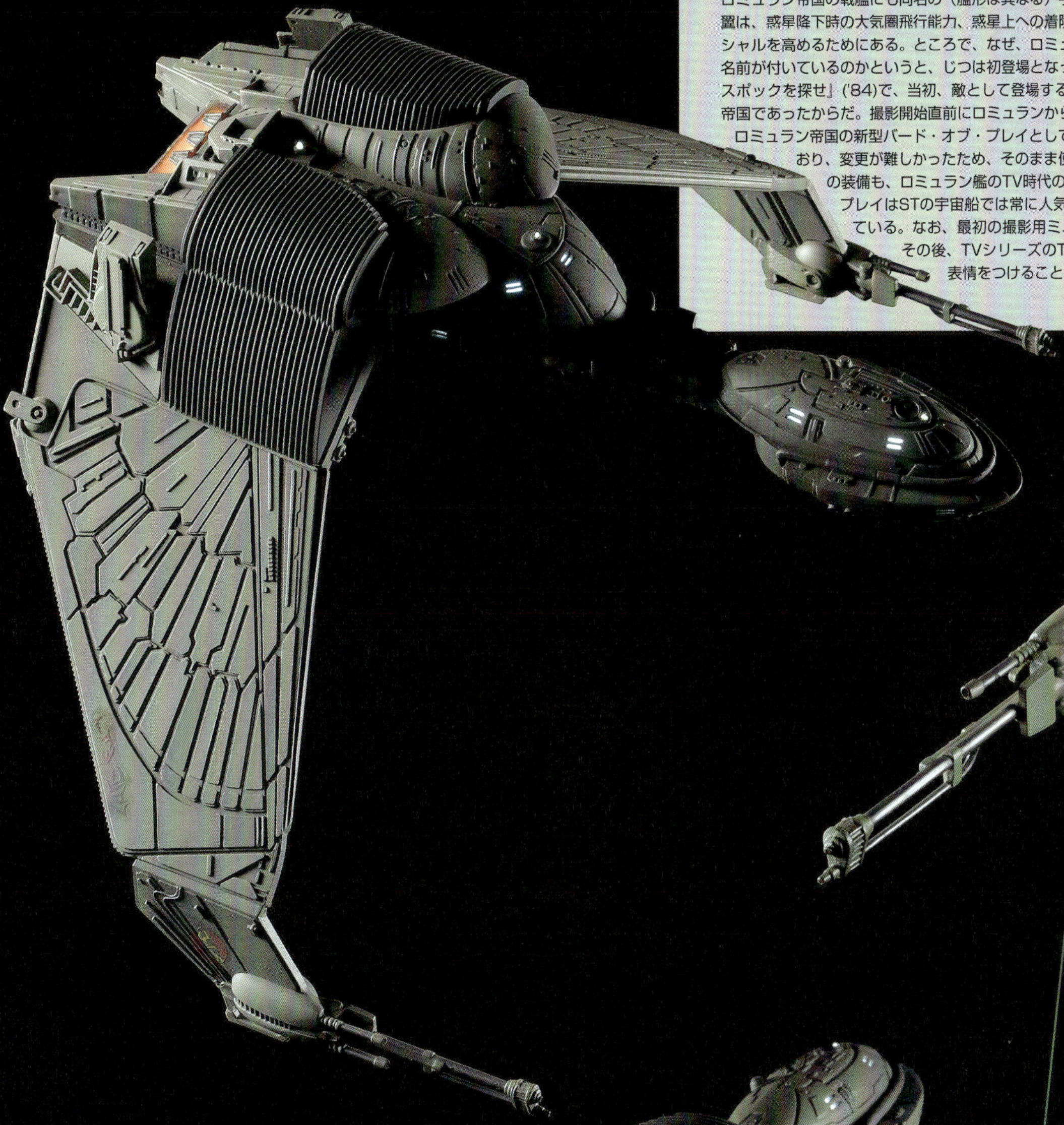

KLING

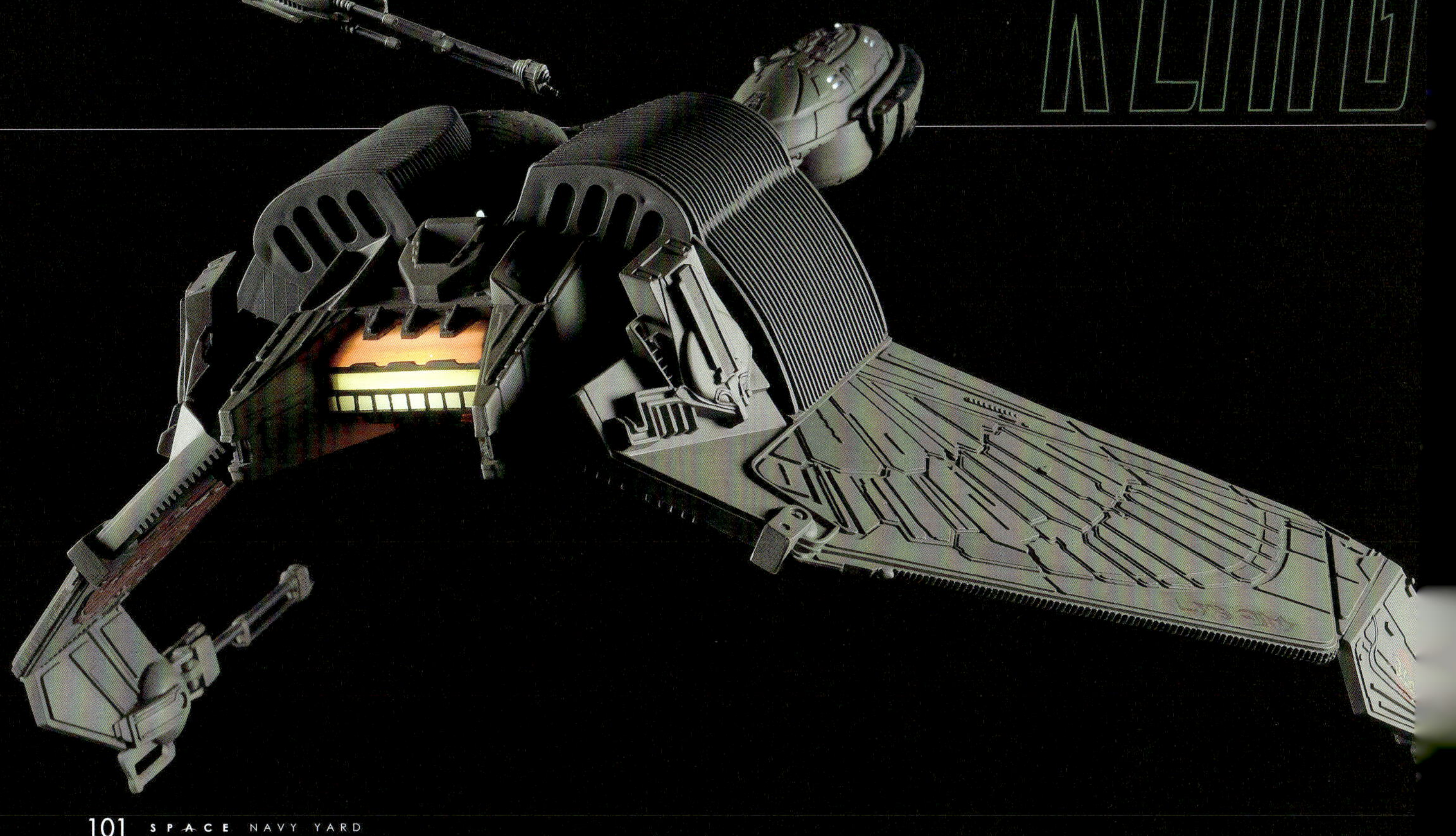

B'REL-CLASS SCOUT SHIP
KLINGON BIRD-OF-PREY

B'REL-CLASS SCOUT SHIP

●宇宙船模型で必ず問題になるのがディスプレイ方法。軸一本では艦体が回ってしまうなど安定させるためにひと工夫が必要となる。本作例では軸とスタンドを固定した

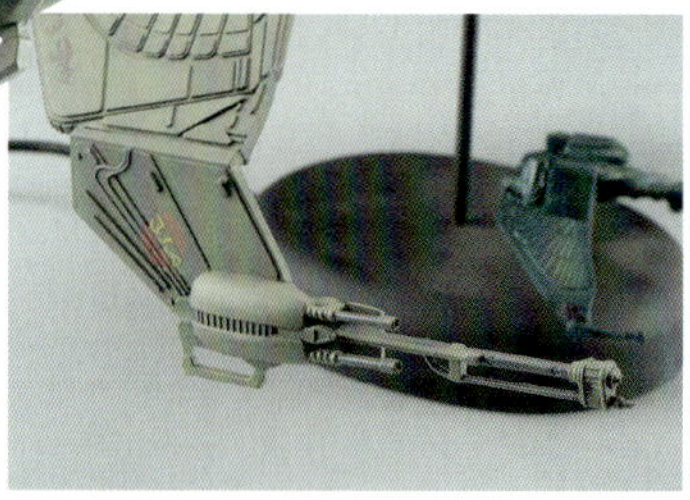

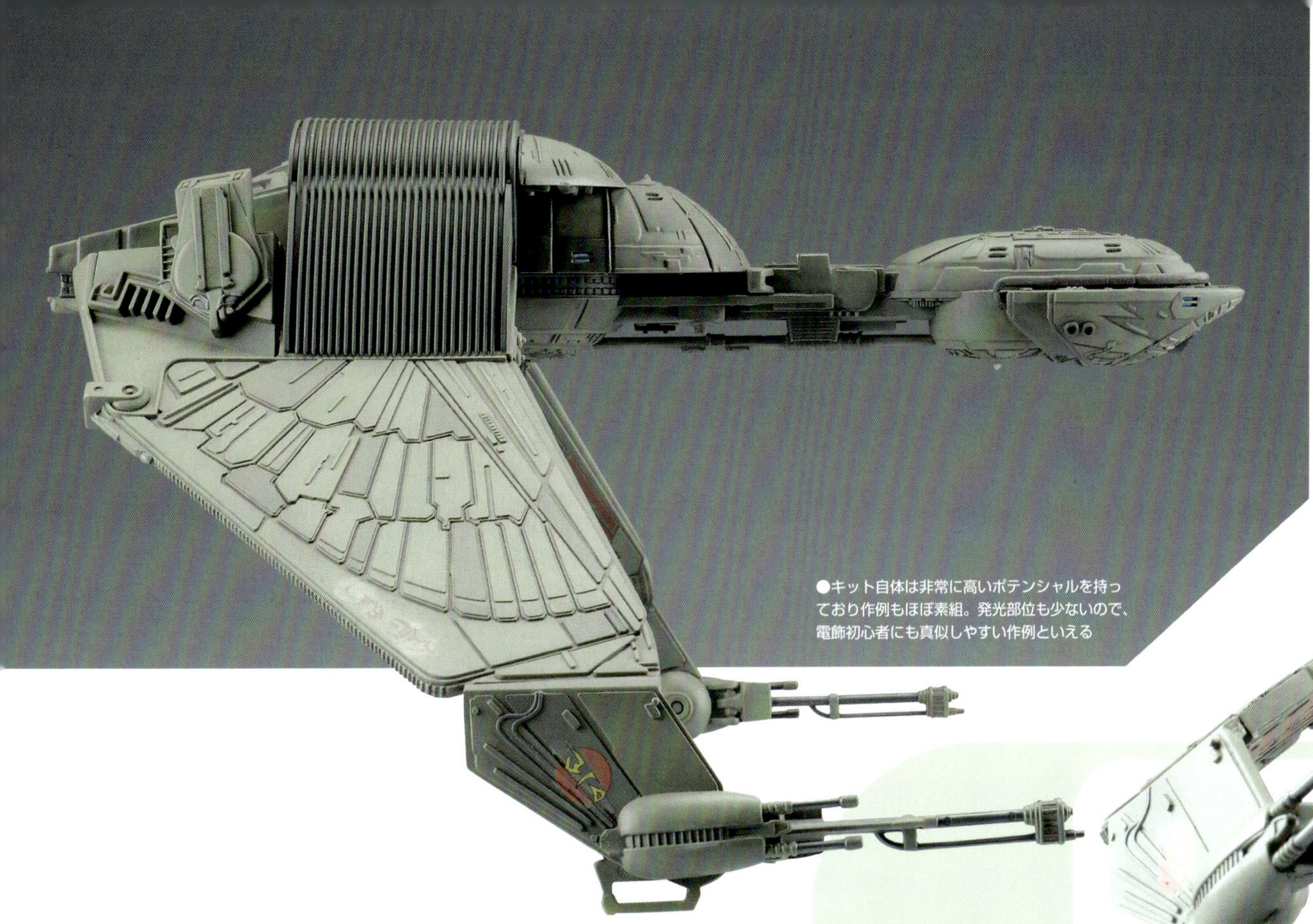

●キット自体は非常に高いポテンシャルを持っており作例もほぼ素組。発光部位も少ないので、電飾初心者にも真似しやすい作例といえる

キットの素性を活かし、簡易的に電飾を施す

1

2

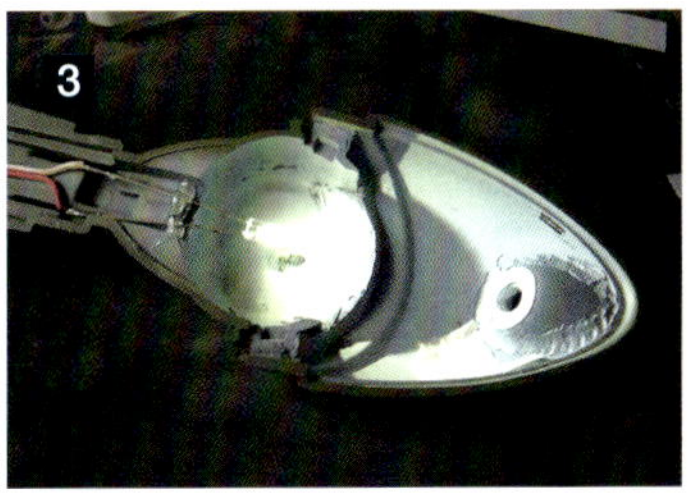

3

4

1非常によくできた艦橋部は表面を軽くヤスリがけをしておく。窓枠はBMCタガネをつかって彫り込むが、軽く何度も彫っていくのがコツ。ある程度穴が空いたらヤスリを使って周辺を整形する。2内側にはるアルミ箔は薄手の糊付きのものが手頃。できればパーツごとにアルミ箔を切らずに繋いで貼ったほうが遮光効果が高まる。3今回はLEDの足を使って艦首の中央で光るように配置した。根本をホットボンドで固定する。必要であればパーツ内を配線を通す溝や隙間を作る。遮光の基本は何度も光らせながら塗装を確認すること。4主翼の特徴的な装飾はマスキングしてエアブラシで塗装した。塗装後に濃いめの機体色を吹いて船体に調子をつけてやる。

LED一個でも充分点灯が可能

文／どろぼうひげ

◆フォルムを楽しむ

『Bird of Prey』は、直訳すると鷹・鷲・フクロウなどの猛禽類となります。荒々しく野蛮なクリンゴン星人のクルーザーとして、ピッタリなネーミングと思います。長らく敵役としてファンにはお馴染みでしたが、劇場版4作目『スタートレックⅣ 故郷への長い道』では、エンタープライズ号の代わりとしてクルーが乗り込み、大活躍しました。大きく翼を広げた鷲の様なデザインは、いちど見たら忘れられない、強烈なインパクトを持っています。

このキットは『スター・トレック』のプラモデルシリーズのなかでも再現性が高く、ストレートに組んだだけでも充分な仕上がりとなります。今回はとりあえず、そのフォルムを楽しみたかったので、船体は素組みでライトに仕上げてみました。多少のディテールアップと、簡単な電飾を仕込んだお手軽な製作となっています。

◆電飾

艦橋にある窓のモールドは開口して、内部にLEDを仕込んで発光させています。窓は細長い形をしていますので、BMCタガネを使って少しずつ彫り込んで開口しています。それぞれの窓を個別に発光させようとすると、たくさんのLEDが必要になってしまうので、パーツの内側にアルミテープを貼り、LEDは中央に1個だけ配置して、開口した窓から光を漏れさせる方法にしました。その光を利用して、首の付け根にある赤く発光する部分や、航行灯も点灯させています。

LED1個でたくさんの窓を一度に発光させるのは、構造も簡単で失敗も少なく、大変お手軽な方法ですが、パーツの合わせ目から光が漏れる危険が増えますので、遮光には充分気を付けなくてはいけません。

次にエンジン部分ですが、こちらはクリアーパーツが付属しています。これはていねいに塗り分け、遮光のためにプラ板で製作したボックス内にLEDを取り付けたものを製作。これを設置して発光させました。その際、クリアーパーツの内側に0・3㎜のプラ板を貼り付けて、光を分散させています。光は弱くなってしまうのですが、こうすることでエンジン全体が均一に光ってくれます。

◆塗装

設定では水色や黄緑色で塗装されている部分もあり、とてもカラフルな印象なのですが、劇中の映像では緑一色にしか見えず、ほとんど判別できなかったので、今回は見たまま緑のみで仕上げています。

塗装はマスキングで塗り分けますが、複雑なパターンが多いのでちょっと大変です。塗り分けが終了したら、デカールを貼り、エナメルのこげ茶色で軽くウェザリングして完成です。

今回はお手軽な製作でしたが、完成するととても見応えのあるキットです。いつか細部のディテールアップや、塗装に拘ってリベンジしてみたいです。■

S P A C E N A V Y Y A R D

モデルグラフィックス編集部／編

モデラー／Modeler
－DORO☆OFF－
高橋卓也
竹下やすひろ
どろぼうひげ
ROKUGEN

テキスト／Text
廣田恵介
森田繁（株式会社スタジオぬえ）
岸川靖

イラストレーション／Illustration
大森記詩

編集／Editer
モデルグラフィックス編集部
関口コフ

撮影／Photo
インタニヤ

装丁／Bookbinder, Cover Design
福井政弘

デザイン／Design
波多辺健

協力／Special thanks
宇宙戦艦ヤマト2199製作委員会
株式会社サンライズ
株式会社ビックウエスト
株式会社東北新社
NBC Universal Entertainment Japan

宇宙艦船電飾模型モデリングガイド
スペース ネイビーヤード

発行日　2016年4月28日 初版第1刷

発行人／小川光二
発行所／株式会社 大日本絵画
〒101-0054 東京都千代田区神田錦町1丁目7番地
URL; http://www.kaiga.co.jp

編集人／市村 弘
企画／編集 株式会社 アートボックス
〒101-0054 東京都千代田区神田錦町1丁目7番地
錦町一丁目ビル4階
URL; http://www.modelkasten.com/

印刷／大日本印刷株式会社
製本／株式会社ブロケード

内容に関するお問い合わせ先: 03(6820)7000 (株)アートボックス
販売に関するお問い合わせ先: 03(3294)7861 (株)大日本絵画

Publisher/Dainippon Kaiga Co., Ltd.
Kanda Nishiki-cho 1-7, Chiyoda-ku, Tokyo 101-0054 Japan
Phone 03-3294-7861
Dainippon Kaiga URL; http://www.kaiga.co.jp
Editor/Artbox Co., Ltd.
Nishiki-cho 1-chome bldg., 4th Floor, Kanda
Nishiki-cho 1-7, Chiyoda-ku, Tokyo 101-0054 Japan
Phone 03-6820-7000
Artbox URL; http://www.modelkasten.com/

ISBN978-4-499-23180-0